INHALT

Wiederholung	2–3
Die Zehnerzahlen bis 100	4
Addieren und Subtrahieren mit Zehnerzahlen	5
Alle Zahlen bis 100	6
Die Hundertertafel	7–8
Der Zahlenstrahl	9
Vergleichen und Ordnen	10
Meter	11
Meter und Zentimeter	12
Millimeter	13
Strecken messen und zeichnen	14
Geraden, die sich schneiden	15
Parallel zueinander	16–17
Senkrecht zueinander	18–19
Addieren ohne Zehnerübergang	20
Subtrahieren ohne Zehnerübergang	21
Addieren mit Zehnerübergang	22
Subtrahieren mit Zehnerübergang	23
Addieren und Subtrahieren mit Zehnerübergang	24–25
Sachaufgaben – Fragen beantworten	26
Rechnen mit Geld	27–28
Dreiecke und Vierecke	29
Rechtecke und Quadrate	30–31
Muster	32
Multiplizieren	33–34
Multiplizieren und Verdoppeln	35
Multiplizieren mit 2	36
Multiplizieren mit 5	37
Multiplizieren mit 10	38
Dividieren	39–41
Dividieren durch 2	42
Dividieren durch 5	43
Dividieren durch 10	44
Multiplizieren und Dividieren	45–46
Quader, Würfel, Kugel	47–48
Baupläne	49
Addieren und Subtrahieren mit Zehnerzahlen	50
Addieren ohne Zehnerübergang	51
Subtrahieren ohne Zehnerübergang	52
Addieren und Subtrahieren ohne Zehnerübergang	53–54
Sachaufgaben – Skizzen	55
Symmetrische Figuren	56
Addieren mit Zehnerübergang	57
Subtrahieren mit Zehnerübergang	58
Addieren und Subtrahieren mit Zehnerübergang	59–61
Uhrzeit	62–63
Zeitpunkt und Zeitdauer	64
Zeitangaben in Sachaufgaben	65
Multiplizieren und Dividieren mit und durch 4	66
Multiplizieren und Dividieren mit und durch 8	67
Multiplizieren und Dividieren	68
Multiplizieren und Dividieren mit und durch 3	69
Multiplizieren und Dividieren mit und durch 6	70
Multiplizieren und Dividieren mit und durch 9	71
Multiplizieren und Dividieren mit und durch 7	72
Multiplizieren und Dividieren	73
Rechnen am Kalender	74
Häufigkeit und Wahrscheinlichkeit	75
Sammeln und Lesen von Daten	76
Kombinieren	77
Fit für Klasse 3	78–79
Knobelseite	80

WIEDERHOLUNG

1  „Die kleine Aufgabe hilft."

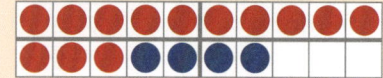

13 + 4 = ☐   16 − 5 = ☐
weil 3 + 4 = ☐   weil 6 − 5 = ☐

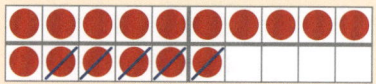

2 a) 4 + 6 = ☐   „2 + 5"   b) 12 + 5 = ☐   c) 13 + 5 = ☐
       3 + 5 = ☐   14 + 6 = ☐   17 + 2 = ☐
       6 + 1 = ☐   13 + 3 = ☐   11 + 6 = ☐

3 a) 7 − 3 = ☐   „9 − 6"   b) 19 − 6 = ☐   c) 17 − 3 = ☐
       8 − 5 = ☐   17 − 5 = ☐   14 − 2 = ☐
       9 − 2 = ☐   20 − 4 = ☐   18 − 5 = ☐

4 a)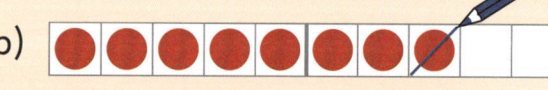

4 + ☐ = 9   8 − ☐ = 2

c)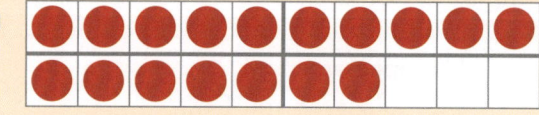

12 + ☐ = 15   17 − ☐ = 13

„20 − 7"

5 a) 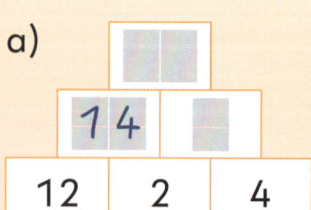   b) 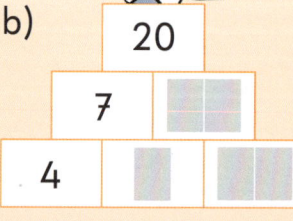   c)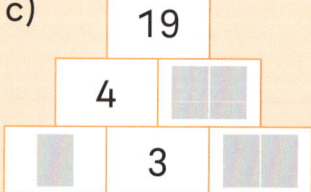

WIEDERHOLUNG

1

7 + 5 = ☐
7 + 3 = 10
10 + 2 = ☐

13 − 6 = ☐
13 − 3 = 10
10 − 3 = ☐

2 a) 8 + 6 = ☐ b) 7 + 4 = ☐ c) 12 − 4 = ☐ d) 17 − 8 = ☐
☐ + ☐ = 10   ☐ + ☐ = ☐   ☐ − ☐ = 10   ☐ − ☐ = ☐
10 + ☐ = ☐   ☐ + ☐ = ☐   10 − ☐ = ☐   ☐ − ☐ = ☐

3 a) 7 + 6 = ☐ b) 8 + 8 = ☐ c) 13 − 5 = ☐ d) 12 − 9 = ☐
9 + 4 = ☐   9 + 5 = ☐   12 − 7 = ☐   11 − 7 = ☐
8 + 7 = ☐   7 + 9 = ☐   14 − 8 = ☐   11 − 9 = ☐

 2 3 4 5 6 8 13 13 14 15 16 16

4 a) 9 + ☐ = 14 b) 8 + ☐ = 15 c) 13 − ☐ = 9 d) 17 − ☐ = 9
6 + ☐ = 11   6 + ☐ = 14   11 − ☐ = 6   15 − ☐ = 8

5 Bilde Aufgabenfamilien.

a) 5 7 12   b) 6 9 15    c) 8 15

☐ + ☐ = ☐   ☐ + ☐ = ☐   ☐ + ☐ = ☐
☐ + ☐ = ☐   ☐ + ☐ = ☐   ☐ + ☐ = ☐
☐ − ☐ = ☐   ☐ − ☐ = ☐   15 − 8 = ☐
☐ − ☐ = ☐   ☐ − ☐ = ☐   ☐ − ☐ = ☐

Ich rechne immer zuerst bis zur 10. Ich zerlege die 2. Zahl.

Die Zehnerzahlen bis 100

1 Wie viele sind es?

a) 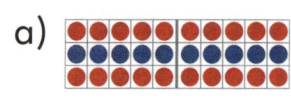 b) 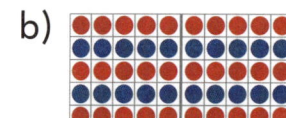 c) 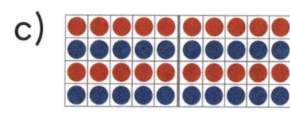 d)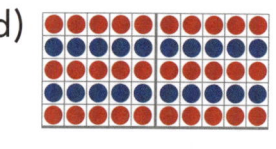

2 Vergleiche: <, >, =.

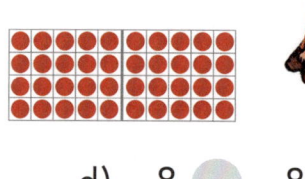

a) 2 ◯ 4
    20 ◯ 40

b) 6 ◯ 3
    60 ◯ 30

c) 9 ◯ 2
    90 ◯ 20

d) 8 ◯ 8
    80 ◯ 80

3 Vergleiche: <, >, =.

a) 30 ◯ 20
    60 ◯ 90
    40 ◯ 0

b) 70 ◯ 70
    50 ◯ 60
    100 ◯ 80

c) 40 ◯ 60
    90 ◯ 30
    70 ◯ 100

4 Ordne. Beginne mit der kleinsten Zahl.

a) 40 70 10 30   → 10, __, __, __

b) 60 100 20 50   → __, __, __, __

5 Ordne. Beginne mit der größten Zahl.

a) 50 40 80 70   → 80, __, __, __

b) 60 90 0 40   → __, __, __, __

Addieren und Subtrahieren mit Zehnerzahlen

1

"3 + 2 ist die kleine Aufgabe."

"6 – 2 ist die kleine Aufgabe."

30 + 20 =
weil 3 + 2 =

60 – 20 =
weil 6 – 2 =

2 a) 20 + 40 =
2 + 4 =

b) 80 + 10 =
☐ + ☐ =

c) 20 + 70 =
☐ + ☐ =

d) 90 – 40 =
9 – 4 =

e) 80 – 70 =
☐ – ☐ =

f) 70 – 50 =
☐ – ☐ =

3 a) 30 + 10 =
20 + 60 =
80 + 20 =

b) 50 – 30 =
40 – 40 =
70 – 20 =

c) 50 + 40 =
80 – 20 =
60 + 10 =

0 20 40 50 60 70 80 90 100

4 a) 30 + ☐ = 100
50 + ☐ = 100
60 + ☐ = 100

b) 70 + ☐ = 90
30 + ☐ = 70
10 + ☐ = 60

c) 90 – ☐ = 60
40 – ☐ = 10
60 – ☐ = 20

5 a)

b)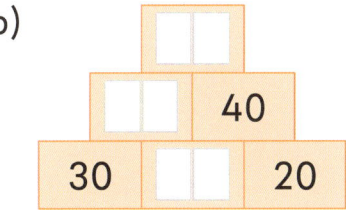

c)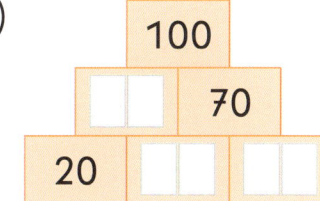

Alle Zahlen bis 100

1 Wie viele Zehner und Einer sind es?

a) 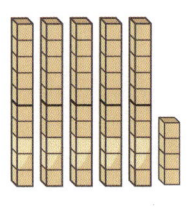   b) 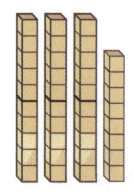   c) 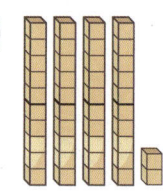   d)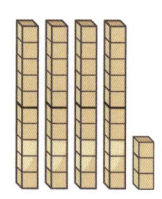

Z	E

Z	E

Z	E

Z	E

2 Wie heißen die Zahlen?

a)    b)    c)    d)

3 Male Zahlbilder.

a) 24   b) 81   c) 52   d) 65

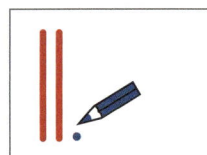

4 Was passt zusammen? Male mit der gleichen Farbe aus.

| 4 Z 5 E | 60 + 3 = 63 | 5 Z 7 E | 3 Z 6 E | 20 + 5 = 25 |
| 50 + 7 = 57 | 2 Z 5 E | 6 Z 3 E | 40 + 5 = 45 | 30 + 6 = 36 |

5
a) 20 + 7 =   b) 60 + 1 =   c) 30 + ☐ = 34   d) 20 + ☐ = 27
30 + 2 =   70 + 5 =   60 + ☐ = 63   40 + ☐ = 46
10 + 9 =   90 + 9 =   50 + ☐ = 55   80 + ☐ = 82

Die Hundertertafel

1	2	3	4	5	6	7	8	9	10
11				15					
21				25					30
31		33		35					
41	42	43	44	45	46	47	48	49	50
51				55					
61				65		67			70
71				75					
81		83	84	85					90
91				95	96		98		100

1
a) Male die Zahl 2 an.
   Trage alle Zahlen ein, die **unter** der 2 stehen.
b) Male die Zahl 61 an.
   Trage alle Zahlen ein, die **rechts** von 61 stehen.
c) Male die Zahl 96 an.
   Trage alle Zahlen ein, die **über** 96 stehen.

2 Male die Zahlen in der Hundertertafel an.

42	43	44		
52	62	72	82	
46	56	66	76	86
63	64	83	84	

Welches Wort entdeckst du?

Die Hundertertafel

1 Wie heißen die verdeckten Zahlen?

1	2	3	4	5	6	7	8	9	10
11			14						
21						27			
31	32	33	34					🍎	40
41	🌙	🌙		45	🌙	🌙		🍎	
51	52	53	54	❤️		56	57	58	59	60
61	62	63	❤️					🍎	
71		❤️					78	🍎	
81	❤️				86				
81									100

2 Welche Zahlen fehlen?

a)
51		53
	62	
71		73

b)
23		25
	34	
53		55

c)
67		69
	78	
87		89

3 Ordne die fehlenden Zahlen zu.

a)
```
      17
   27
```

| 26 | 17 | 37 | 28 |

b)
```
         86
```
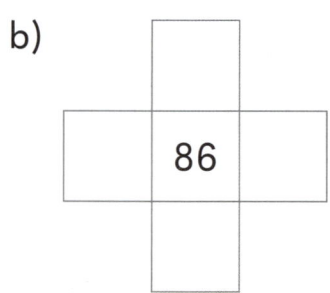

| 76 | 87 | 85 | 96 |

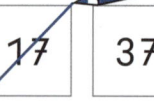

Der Zahlenstrahl

1 Trage die markierten Zahlen ein.

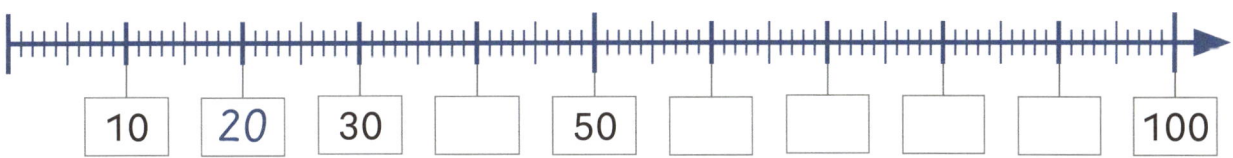

2 Verbinde.

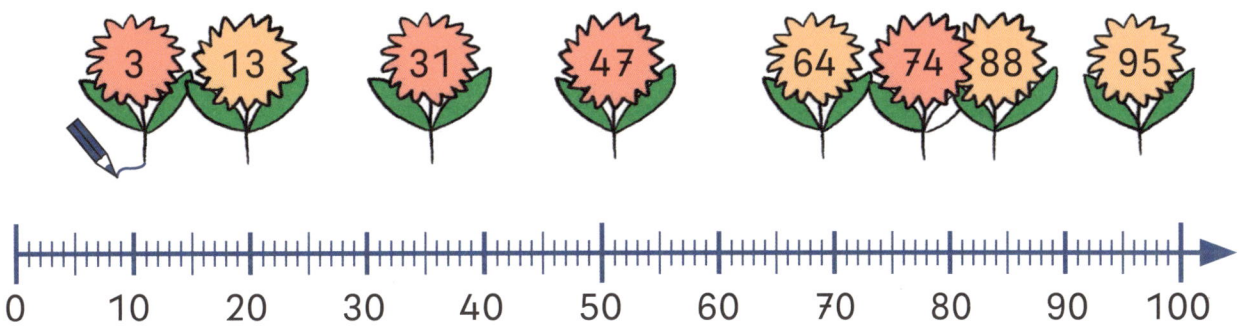

3

V	Z	N
	26	
	68	
	57	
	79	

4 Wie heißen die Nachbarzehner (NZ)? Nutze den Zahlenstrahl.

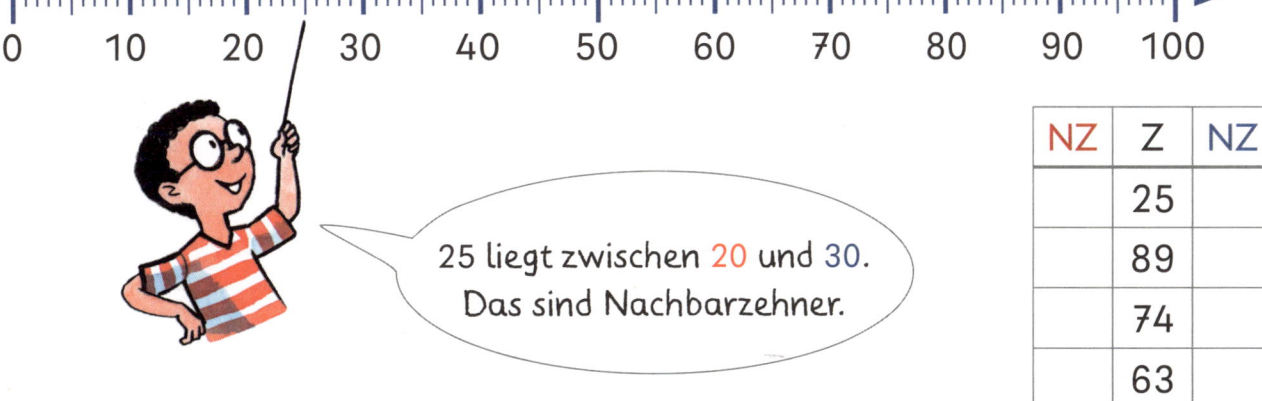

25 liegt zwischen 20 und 30. Das sind Nachbarzehner.

NZ	Z	NZ
	25	
	89	
	74	
	63	

Vergleichen und Ordnen

1 Vergleiche: <, >, =.

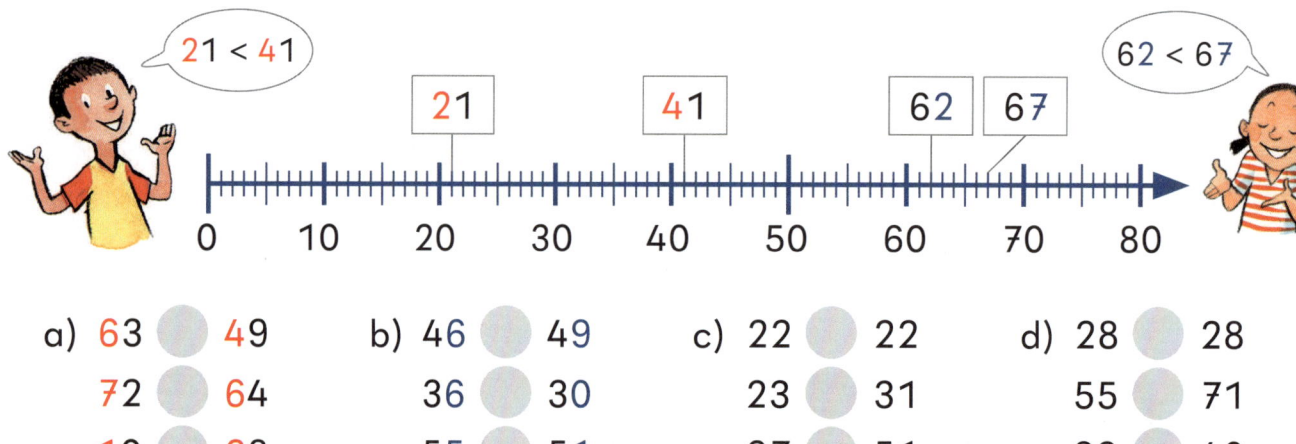

a) 63 ○ 49
72 ○ 64
10 ○ 28
19 ○ 58

b) 46 ○ 49
36 ○ 30
55 ○ 51
25 ○ 22

c) 22 ○ 22
23 ○ 31
27 ○ 51
53 ○ 34

d) 28 ○ 28
55 ○ 71
89 ○ 40
41 ○ 41

2 Finde passende Zahlen.

a) 78 >
78 >
78 >
78 >

b) 96 >
96 >
96 >
96 >

c) 53 <
53 <
53 <
53 <

d) 42 <
42 <
42 <
42 <

3 Ordne. Beginne mit der kleinsten Zahl.

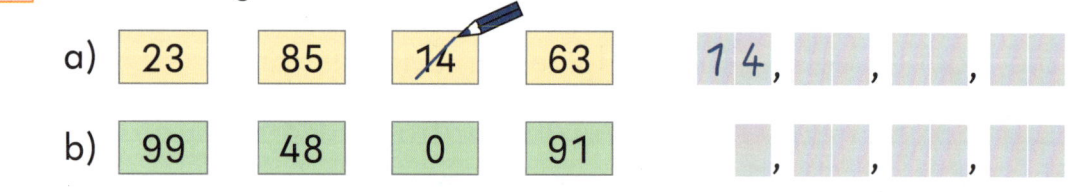

a) 23 85 14 63   14, __, __, __

b) 99 48 0 91   __, __, __, __

4 Ordne. Beginne mit der größten Zahl.

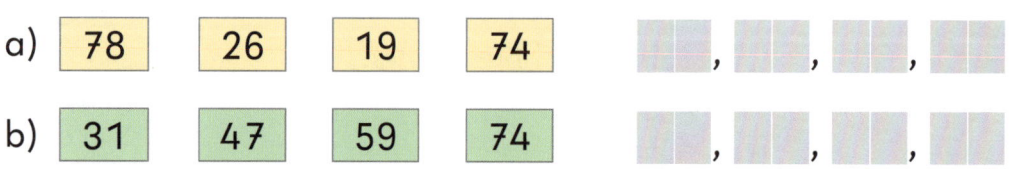

a) 78 26 19 74   __, __, __, __

b) 31 47 59 74   __, __, __, __

Meter

1 Male die Kreise ◯ mit der passenden Farbe aus.

🔴 kürzer als 1 m	🔵 ungefähr 1 m	🟡 länger als 1 m

 ◯    ◯    ◯

 ◯    ◯    ◯

2 Wie lang sind die Dinge ungefähr in Wirklichkeit?
Male die richtigen Angaben aus.

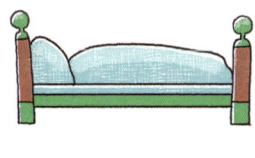      

| 10 m | 2 m | 5 m | | 5 m | 30 m | 100 m | | 50 m | 12 m | 4 m |

3 Ordne der Größe nach.

   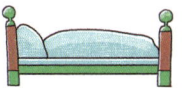      

Bus   Tablet   Bett   Blauwal   Elefant

Tablet, _____

_____

Meter und Zentimeter

1 Male die Kreise ◯ mit der passenden Farbe aus.

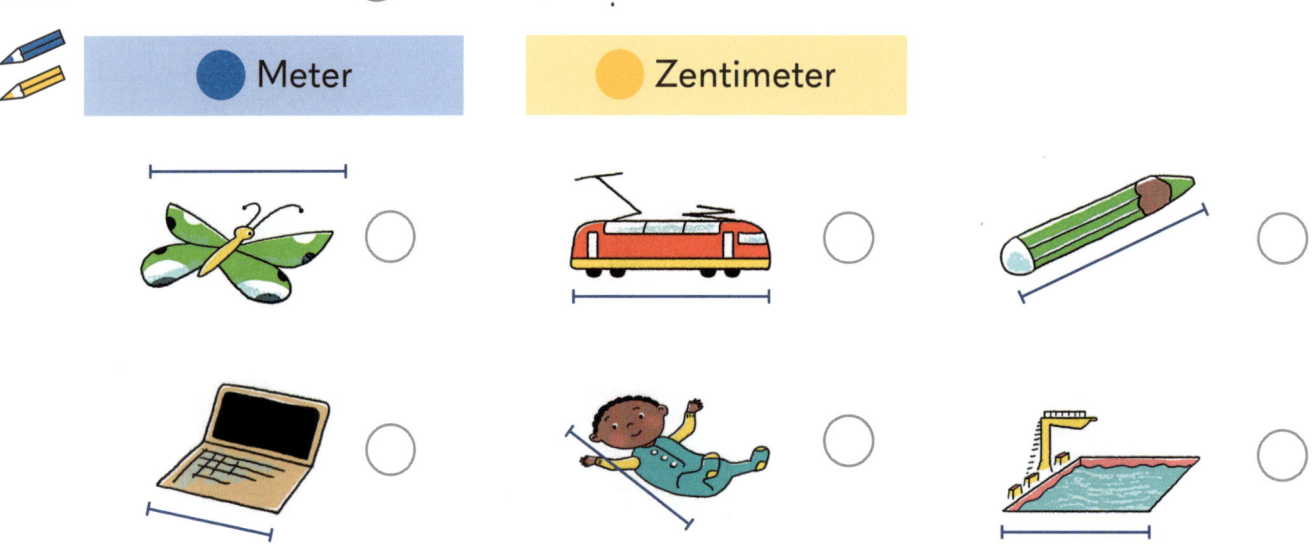

2 Immer zwei Streifen sind gleich lang.
Male sie mit der gleichen Farbe aus.

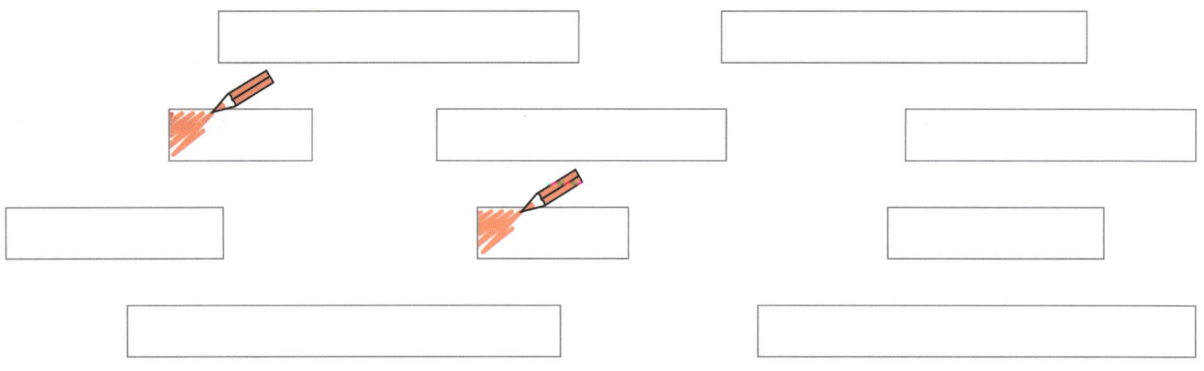

3 Immer 1 m: Male mit der gleichen Farbe aus.

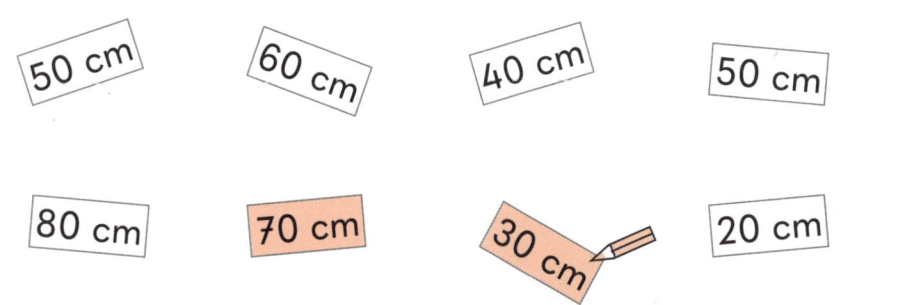
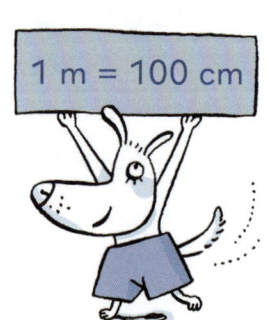

Millimeter

1 Miss genau.
Gib die Strecken in **cm und mm** an.

a)    ⬜ cm ⬜ mm

b)    ⬜ cm ⬜ mm

c)    ⬜ cm ⬜ mm

2 Miss genau. Gib die Strecken in **mm** an.

a)    ⬜ mm

b)    ⬜ mm

c)    ⬜ mm

3 Male gleiche Längenangaben mit der gleichen Farbe aus.

| 4 cm 6 mm | 8 cm 3 mm | 8 cm 9 mm | 46 mm | 89 mm |
| 83 mm | 0 cm 1 mm | 2 cm 0 mm | 20 mm | 1 mm |

4 Rechne um.

a) 1 cm 6 mm = ⬜⬜ mm   b) 85 mm = ⬜ cm ⬜ mm

    5 cm 7 mm = ⬜⬜ mm   99 mm = ⬜ cm ⬜ mm

Strecken messen und zeichnen

1 Miss die Strecken.

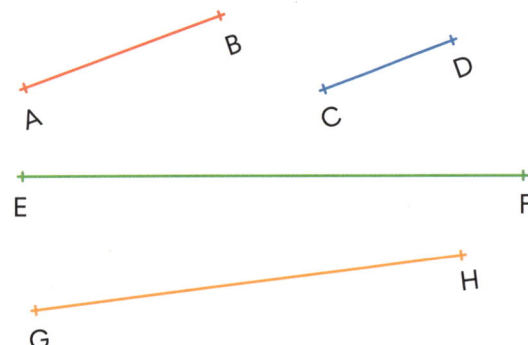

$\overline{AB}$ = ⬚ cm
$\overline{CD}$ = ⬚ cm
$\overline{EF}$ = ⬚ cm
$\overline{GH}$ = ⬚ cm

2 Miss die Strecken.

$\overline{AB}$ = ⬚ cm ⬚ mm
$\overline{AD}$ = ⬚ cm ⬚ mm

$\overline{FG}$ = ⬚ mm
$\overline{GE}$ = ⬚ mm

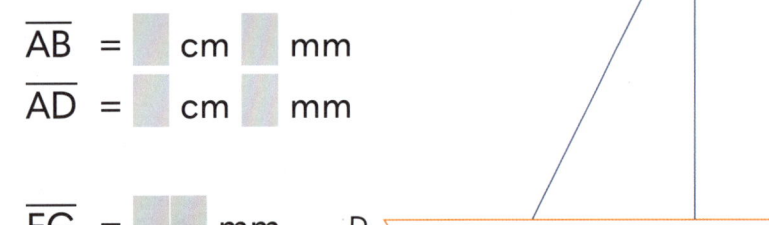
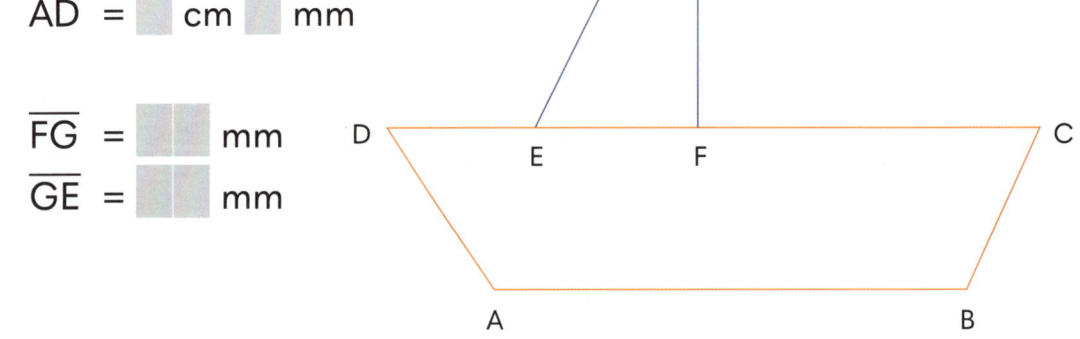

3 Zeichne die Strecken.

$\overline{AB}$ = 5 cm   A ┼——

$\overline{CD}$ = 7 cm 2 mm

$\overline{EF}$ = 4 cm 7 mm

Geraden, die sich schneiden

1 a) Zeichne zwei Geraden, die sich schneiden. Bezeichne.

Geraden werden mit kleinem Buchstaben bezeichnet.

b) Zeichne drei Geraden, die sich schneiden. Bezeichne.

Punkte werden mit großem Buchstaben bezeichnet.

2 Zeichne eine Gerade c. Die drei Geraden sollen sich nicht schneiden.

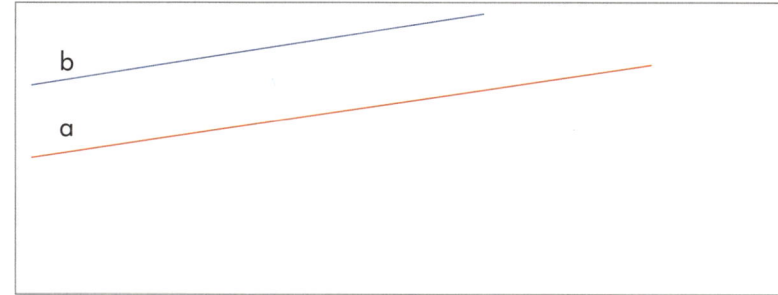

3 Zeichne eine Gerade c.
Die drei Geraden sollen sich in einem Punkt schneiden.

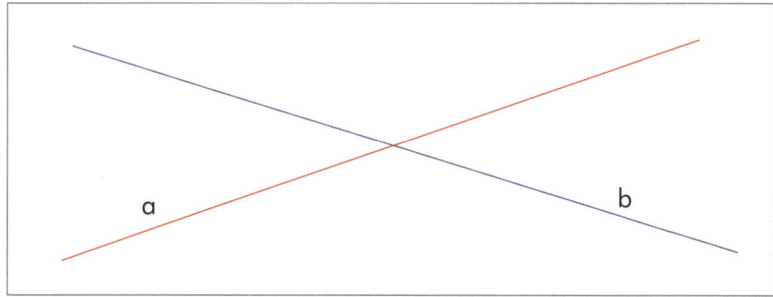

Parallel zueinander

1 Sind die Geraden parallel zueinander? Überprüfe mit dem Geodreieck. Kreuze an.

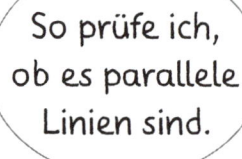

So prüfe ich, ob es parallele Linien sind.

a   b

Ja ◯   Nein ◯

c   d

Ja ◯   Nein ◯

e
f

Ja ◯   Nein ◯

2 Welche Geraden sind parallel zu g? Zeichne sie blau nach.

3 Zeichne zueinander parallele Linien mit der gleichen Farbe nach. Überprüfe mit dem Geodreieck.

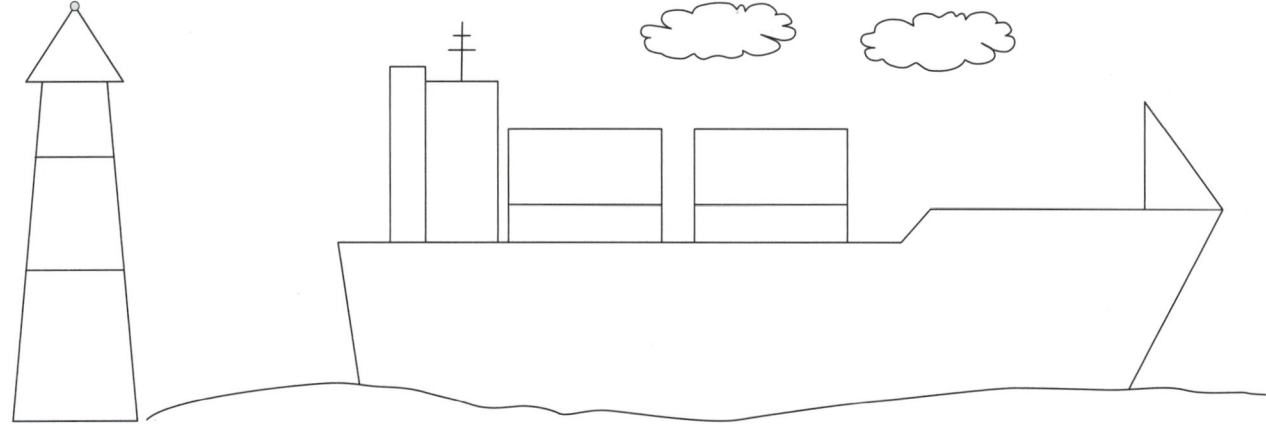

Parallel zueinander

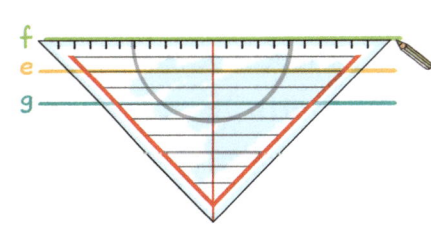

1 Zeichne immer eine Gerade, die parallel zu g ist. Bezeichne sie.

a)

g

b)

g

2 Zeichne das Muster mit dem Geodreieck nach.

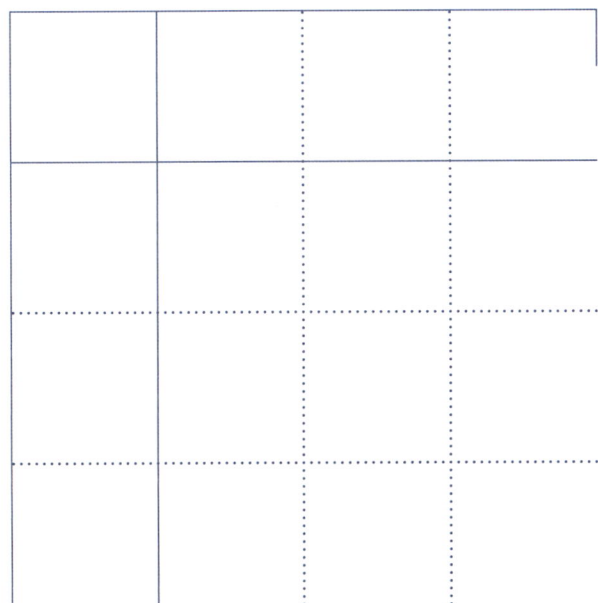

3 Zeichne parallele Linien.

a)

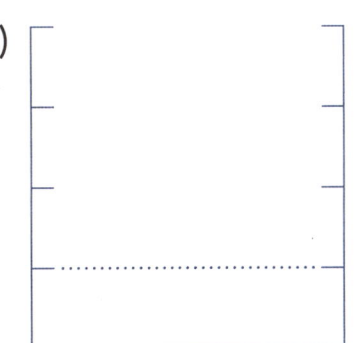

b)

Senkrecht zueinander

1 Sind die Geraden senkrecht zueinander?
Überprüfe mit dem Geodreieck.
Kreuze an.

So prüfe ich, ob die Geraden senkrecht zueinander sind.

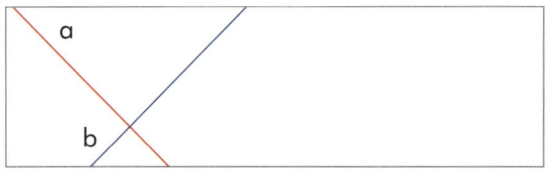

Ja ◯   Nein ◯

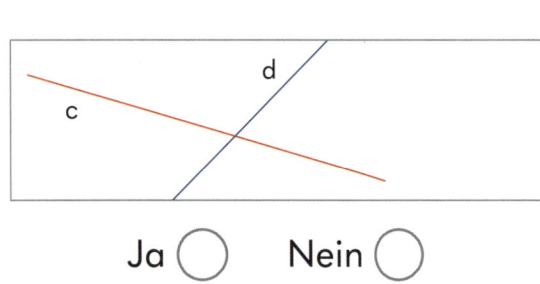

Ja ◯   Nein ◯

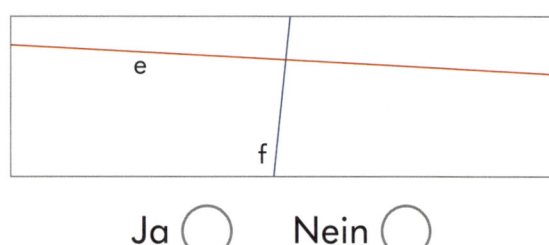

Ja ◯   Nein ◯

2 Welche Geraden sind senkrecht zu g? Zeichne sie blau nach.

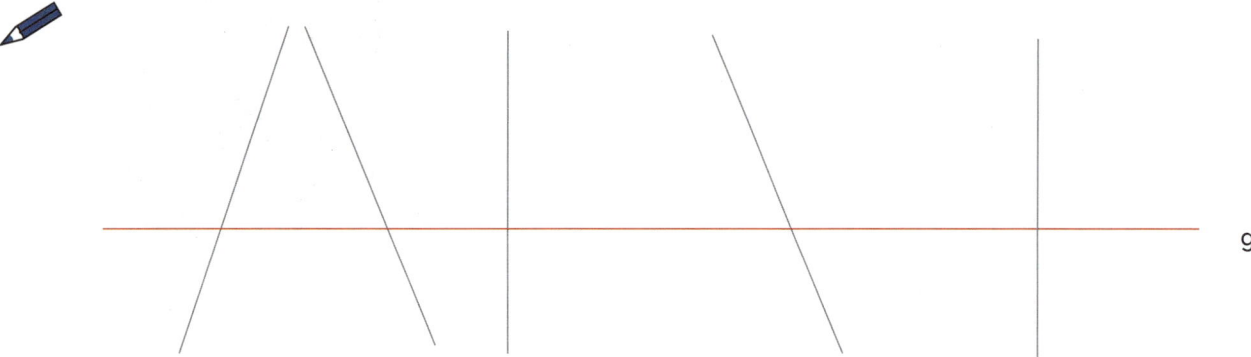

3 Trage die rechten Winkel ein.
Überprüfe mit dem Geodreieck.

Das ist ein rechter Winkel.

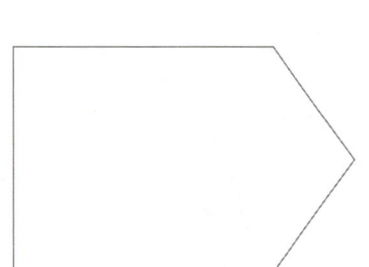
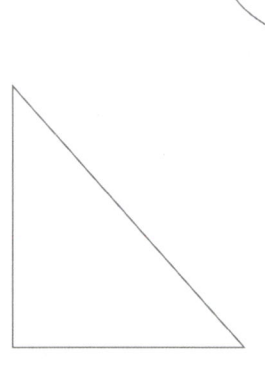

Senkrecht zueinander

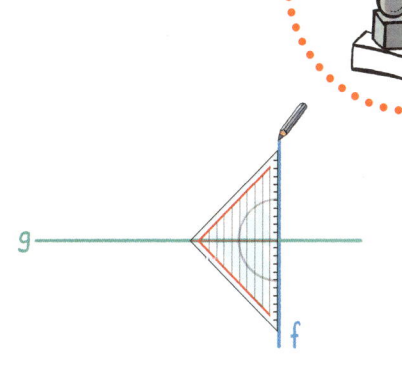

1 Zeichne immer eine Gerade, die senkrecht zu g ist. Bezeichne sie.

a)

b)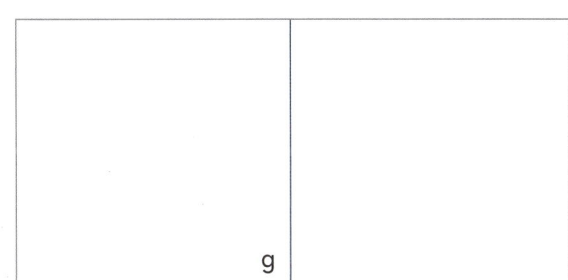

2 Zeichne das Muster mit dem Geodreieck nach.

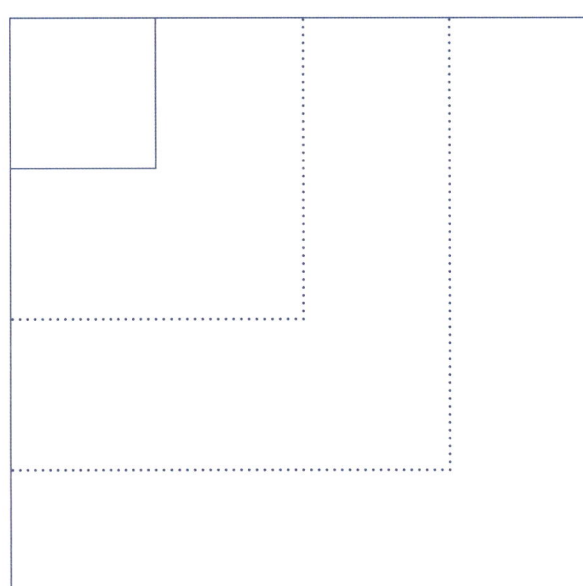

3 Zeichne die Mauer fertig. Lege das Geodreieck genau an.

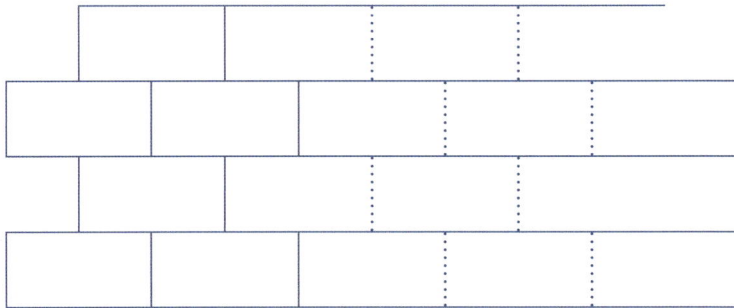

Addieren ohne Zehnerübergang

1 a) 42 + 3 = ☐
weil 2 + 3 = 5

b) 34 + 5 = ☐
weil 4 + 5 = ☐

c) 52 + 6 = ☐
weil 2 + 6 = ☐

d) 65 + 2 = ☐
weil 5 + 2 = ☐

2 a) 3 + 5 = ☐
33 + 5 = ☐
63 + 5 = ☐
93 + 5 = ☐

b) 6 + 3 = ☐
46 + 3 = ☐
26 + ☐ = ☐
66 + ☐ = ☐

c) 2 + 7 = ☐
72 + 7 = ☐
☐ + ☐ = ☐
☐ + ☐ = ☐

3

+	3	2	7	4	6
21					
53					

23 24 25 27 28
55 56 57 59 60

4 a) 62 + ☐ = 68
82 + ☐ = 88
42 + ☐ = 48
72 + ☐ = 78

Wie viele Einer lege ich zur 2 dazu?

b) 37 + ☐ = 39
51 + ☐ = 58
23 + ☐ = 23
32 + ☐ = 35

0 2 3 6 6 6 6 7

5 Der erste Summand ist 74. Der zweite Summand ist 4. Wie heißt die Summe?

 +  = ☐

| Summand | Summand | Summe |

Subtrahieren ohne Zehnerübergang

1 a) 58 − 2 = ☐
weil 8 − 2 = 6

"Die kleine Aufgabe hilft."

b) 67 − 3 = ☐
weil 7 − 3 = ☐

c) 46 − 2 = ☐
weil 6 − 2 = ☐

d) 79 − 4 = ☐
weil 9 − 4 = ☐

2 a) 8 − 5 = ☐
28 − 5 = ☐
58 − 5 = ☐
88 − 5 = ☐

b) 7 − 4 = ☐
47 − 4 = ☐
97 − ☐ = ☐
37 − ☐ = ☐

c) 8 − 3 = ☐
38 − 3 = ☐
☐ − ☐ = ☐
☐ − ☐ = ☐

3
8 − 3

−	3	2	4	1	5
58					
85					

53 54 55 56 57
80 81 82 83 84

4 a) 67 − ☐ = 63
87 − ☐ = 83
47 − ☐ = 43
77 − ☐ = 73

"Wie viele Einer nehme ich von 7 weg?"

b) 37 − ☐ = 35
59 − ☐ = 57
28 − ☐ = 22
35 − ☐ = 35

0 2 2 4 4 4 4 6

5 Der Minuend ist 68. Der Subtrahend ist 5. Wie heißt die Differenz?

☐☐ − ☐ = ☐☐   Minuend — Subtrahend — Differenz

Addieren mit Zehnerübergang

1 a)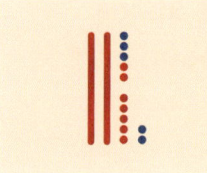
27 + 5 = ▢▢
27 + 3 = 30
30 + 2 = ▢▢

Ich rechne bis zum nächsten Zehner. Ich zerlege die 2. Zahl.

b)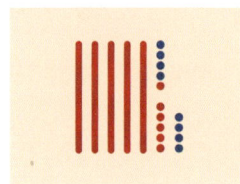
56 + 8 = ▢▢
▢ + ▢ = ▢
▢ + ▢ = ▢

c)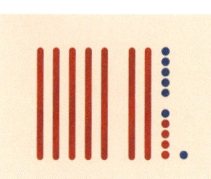
74 + 7 = ▢▢
▢ + ▢ = ▢
▢ + ▢ = ▢

2 Zeichne und rechne.

a)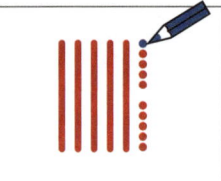
59 + 3 = ▢▢
▢ + ▢ = ▢
▢ + ▢ = ▢

b)
67 + 9 = ▢▢
▢ + ▢ = ▢
▢ + ▢ = ▢

c)
48 + 5 = ▢▢
▢ + ▢ = ▢
▢ + ▢ = ▢

d)
35 + 7 = ▢▢
▢ + ▢ = ▢
▢ + ▢ = ▢

3 a) 84 + 9 = ▢▢
▢ + ▢ = ▢
▢ + ▢ = ▢

b) 47 + 6 = ▢▢
▢ + ▢ = ▢
▢ + ▢ = ▢

c) 58 + 4 = ▢▢
▢ + ▢ = ▢
▢ + ▢ = ▢

4 a) 36 + 4 = ▢▢
36 + 7 = ▢▢
36 + 8 = ▢▢

b) 64 + 6 = ▢▢
64 + 8 = ▢▢
64 + 9 = ▢▢

c) 59 + 1 = ▢▢
59 + 6 = ▢▢
59 + 4 = ▢▢

40 43 44 60 62 63 70 72 75

Subtrahieren mit Zehnerübergang

1 a)  63 − 9 = ▯
63 − 3 = 60
60 − 6 = ▯

Ich rechne bis zum nächsten Zehner. Ich zerlege die 2. Zahl.

b) 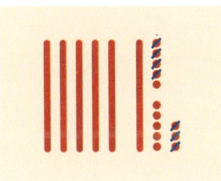 73 − 7 = ▯
▯ − ▯ = ▯
▯ − ▯ = ▯

c) 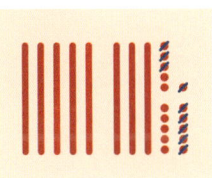 96 − 9 = ▯
▯ − ▯ = ▯
▯ − ▯ = ▯

2 Zeichne und rechne.

a)  32 − 4 = ▯
▯ − ▯ = ▯
▯ − ▯ = ▯

b)  45 − 8 = ▯
▯ − ▯ = ▯
▯ − ▯ = ▯

c) 24 − 6 = ▯
▯ − ▯ = ▯
▯ − ▯ = ▯

d) 51 − 5 = ▯
▯ − ▯ = ▯
▯ − ▯ = ▯

3 a) 45 − 7 = ▯
▯ − ▯ = ▯
▯ − ▯ = ▯

b) 35 − 9 = ▯
▯ − ▯ = ▯
▯ − ▯ = ▯

c) 85 − 8 = ▯
▯ − ▯ = ▯
▯ − ▯ = ▯

4 a) 52 − 2 = ▯
52 − 6 = ▯
52 − 9 = ▯

b) 44 − 4 = ▯
44 − 7 = ▯
44 − 5 = ▯

c) 93 − 3 = ▯
93 − 7 = ▯
93 − 4 = ▯

37 39 40 43 46 50 86 89 90

Addieren und Subtrahieren mit Zehnerübergang

1 a) 86 + 6 = ☐☐ b) 37 − 8 = ☐☐
 54 + 7 = ☐☐   63 − 5 = ☐☐
 78 + 3 = ☐☐   84 − 5 = ☐☐
 37 + 8 = ☐☐   54 − 7 = ☐☐

29 45 47 58
61 79 81 92

2 Bilde Aufgabenfamilien.

a) 67 6 73   b) 34 8 ○   c) 56 6 ○

 6 7 + 6 = ☐☐   3 4 + 8 = ☐☐   5 6 + 6 = ☐☐
 ☐ + ☐ = ☐☐   ☐ + ☐ = ☐☐   ☐ + ☐ = ☐☐
 ☐ − ☐ = ☐☐   ☐ − ☐ = ☐☐   ☐ − ☐ = ☐☐
 ☐ − ☐ = ☐☐   ☐ − ☐ = ☐☐   ☐ − ☐ = ☐☐

3 Zeichne und rechne.

a) 58 + ☐ = 60   b) 43 − ☐ = 40
 58 + ☐ = 63   43 − ☐ = 38
 58 + ☐ = 65   43 − ☐ = 35

4 a) ☐☐ + 4 = 44   b) ☐☐ − 4 = 56
 ☐☐ + 6 = 44   ☐☐ − 8 = 56
 ☐☐ + 5 = 44   ☐☐ − 6 = 56

Die Umkehraufgabe hilft: 44 − 4

5 Richtig *r* oder falsch *f* ? Berichtige die Fehler.

a) 37 + 8 = 45 ○ ☐☐   b) 92 − 7 = 85 ○ ☐☐
 64 + 9 = 65 ○ ☐☐   35 − 8 = 37 ○ ☐☐
 76 + 7 = 82 ○ ☐☐   82 − 7 = 74 ○ ☐☐
 25 + 6 = 31 ○ ☐☐   52 − 5 = 47 ○ ☐☐

Addieren und Subtrahieren mit Zehnerübergang

1 a)

+	5	8	4	7
18				
37				

b)

−	9	6	5	7
31				
54				

22 22 23 24 25 25 26 26 41 42 44 45 45 47 48 49

2 a)    b) 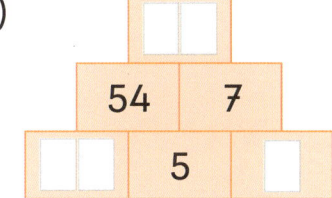   c)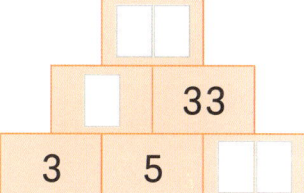

2 3 8 28 41 43 49 52 61

3

Addiere zur Zahl 56 die Zahl 8.

5 6 + 8 =

Subtrahiere von der Zahl 93 die Zahl 7.

9 3 − 7 =

Berechne die Differenz der Zahlen 72 und 6.

☐☐ ● ☐ = ☐☐

Berechne die Summe der Zahlen 46 und 5.

☐☐ ● ☐ = ☐☐

4 Rechne vorteilhaft. Kreise ein.

a) (61) + 6 + (9) =   „Ich rechne zuerst 61 + 9."
   32 + 8 + 7 =
   88 + 2 + 1 =
   74 + 9 + 6 =
   54 + 6 + 6 =

b) (92) − 5 − (2) =   „Ich rechne zuerst 92 − 2."
   45 − 5 − 8 =
   36 − 6 − 4 =
   83 − 6 − 3 =
   74 − 9 − 4 =

Sachaufgaben – Fragen beantworten

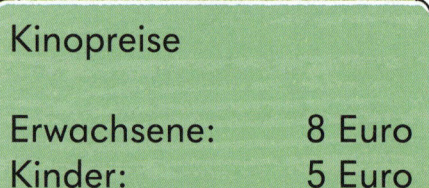

Kinopreise

Erwachsene: 8 Euro
Kinder: 5 Euro

Popcorn: 3 Euro
Wasser: 2 Euro
Saft: 3 Euro

1 Kannst du die Fragen mit dem Bild beantworten?
Kreuze an.

	ja	nein
Was kostet der Eintritt für Erwachsene?		
Wie lange hat das Kino geöffnet?		
Was kostet eine Tüte Popcorn?		
Was kostet eine Kugel Eis?		
Wann beginnt der Film?		
Was müssen Leo und sein Vater für einen Film bezahlen?		
Was kauft sich Leo zu trinken?		

2 Anna geht mit ihrer Mutter und Max ins Kino.

? Ich frage: Wie viel Euro müssen sie bezahlen?

= Ich rechne: ☐ € + ☐ € + ☐ € = ☐ €

💬 Ich antworte: Sie müssen ☐ € bezahlen.

3 Leo geht mit Mila ins Kino.
Sie teilen sich eine Tüte Popcorn.

? Ich frage: Wie viel Euro müssen sie bezahlen?

= Ich rechne: ☐ € + ☐ € + ☐ € = ☐ €

💬 Ich antworte: *Sie müssen*

Rechnen mit Geld

1 a) Wie viel Geld haben die Kinder?

Max 　　　Lisa 　　　Anna

　　　　€　　　　　　　　　　€　　　　　　　　　　€

b) Welches Kind hat das meiste Geld?

c) Welches Kind hat das wenigste Geld?

2 Wie viel Geld ist es?

a) 　　b) 　　c)

　　ct　　　　　　　　　ct　　　　　　　　　ct

3 Ergänze zu 1 Euro. Male und rechne.

a) 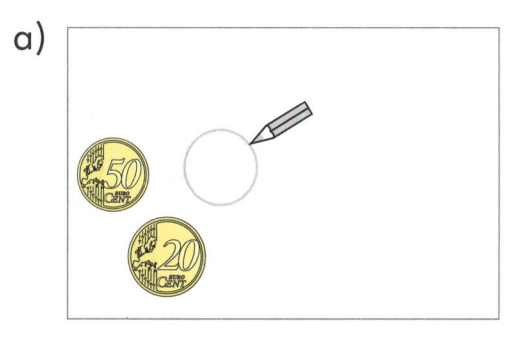　　b)

1 € = 100 ct

70 ct + 　　ct = 100 ct　　　　　ct + 　　ct = 100 ct

Rechnen mit Geld

1. Ben kauft einen Ball und ein T-Shirt.

    ? Ich frage: Wie viel Euro muss er bezahlen?

    = Ich rechne: ☐ € + ☐ € = ☐ €

    💬 Ich antworte: Ben muss ☐ € bezahlen.

2. Lisa kauft eine Jacke. Sie bezahlt mit einem 50-€-Schein.

    ? Ich frage: Wie viel Euro bekommt Lisa zurück?

    = Ich rechne: ☐ € − ☐ € = ☐ €

    💬 Ich antworte: Lisa bekommt ☐ € zurück.

3. Mila kauft eine Jacke und eine Hose.

    ? Wie viel Euro muss Mila bezahlen?

    =

    💬 Mila muss

4. Amir kauft eine Hose. Er bezahlt mit einem 20-€-Schein.

    ? Wie viel Euro bekommt Amir zurück?

    =

    💬 Amir bekommt

Dreiecke und Vierecke

1 a) Male Dreiecke ✏️, Vierecke ✏️ und Kreise ✏️ aus.

b) Zähle die ebenen Figuren.

Figur	Anzahl
Dreieck	
Viereck	
Kreis	

Wie viele andere Figuren sind es?

2 a) Verbinde jeweils 3 Punkte so, dass Dreiecke entstehen.

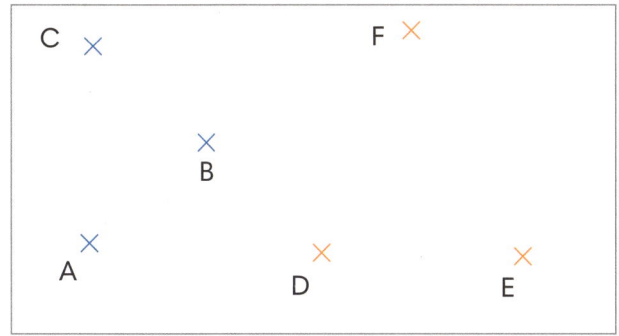

b) Verbinde jeweils 4 Punkte so, dass Vierecke entstehen.

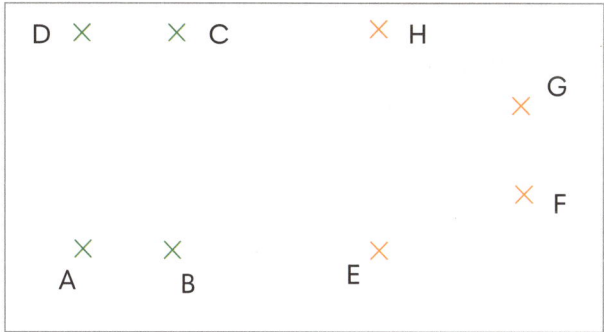

3 Ergänze die Anzahl der Eckpunkte und Seiten.

	Dreieck	Viereck
Eckpunkte		
Seiten		

Rechtecke und Quadrate

1 Male Rechtecke ✏️ und Quadrate ✏️ aus.

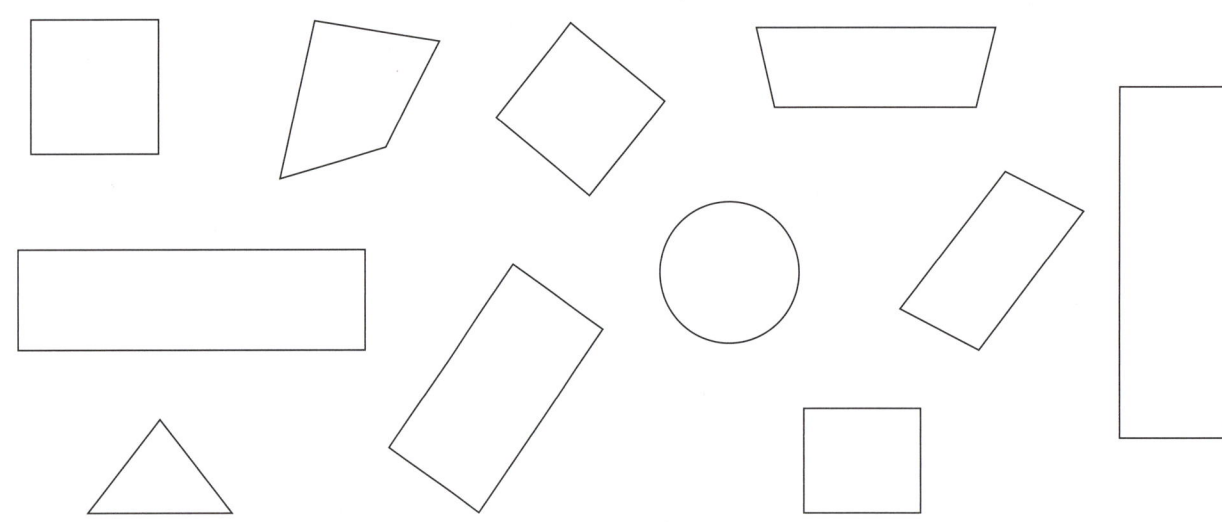

2 Verbinde.

Rechteck

Quadrat

4 rechte Winkel

Seiten zueinander parallel

gegenüberliegende Seiten gleich lang

alle Seiten gleich lang

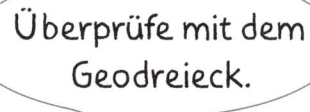
Überprüfe mit dem Geodreieck.

3 Zeichne so weiter, dass

a) ein Rechteck entsteht.

b) ein Quadrat entsteht.

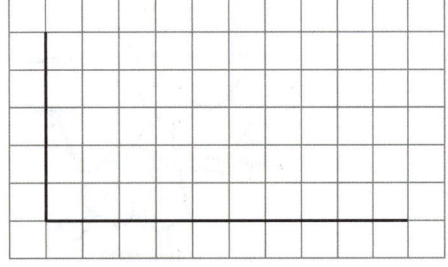

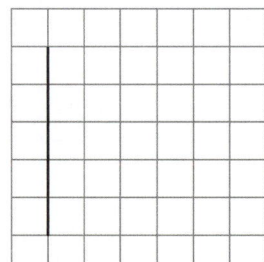

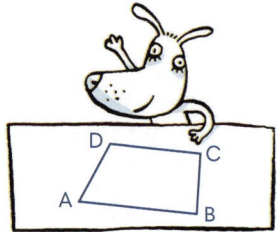
So bezeichnest du die Eckpunkte.

Rechecke und Quadrate

1 Verbinde jeweils 4 Punkte so, dass

a) Rechtecke entstehen.

b) Quadrate entstehen.

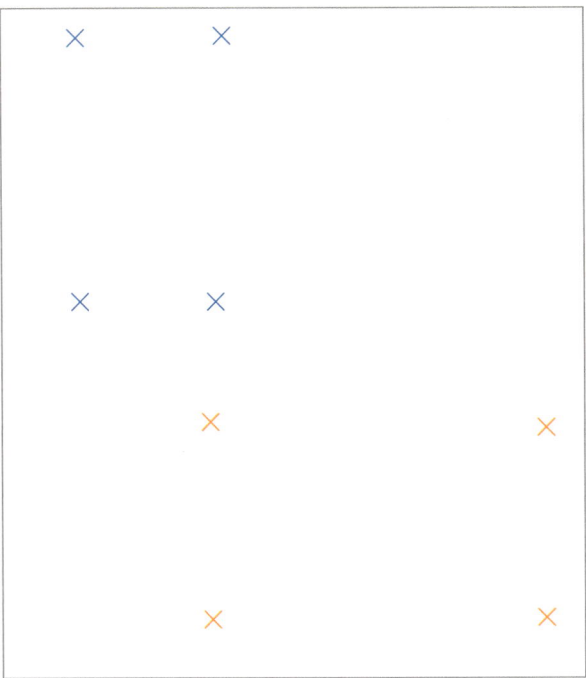 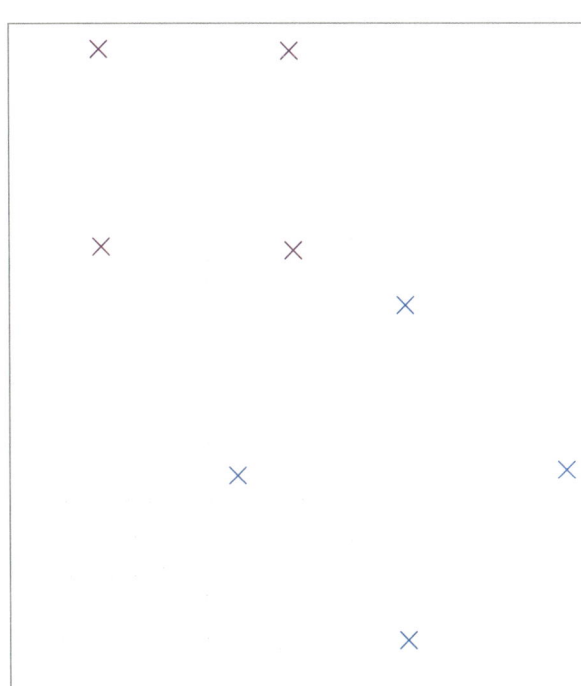

c) Bezeichne die Eckpunkte.

2 Welches Bild passt zum Text? Verbinde.

| Ein Rechteck liegt zwischen zwei Quadraten. | Ein Quadrat liegt zwischen zwei Rechtecken. |

| Unter einem Quadrat liegt ein Rechteck. | Über einem Quadrat liegt ein Dreieck. |

 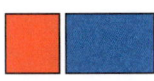  

Muster

1 Zeichne die Muster weiter.

a)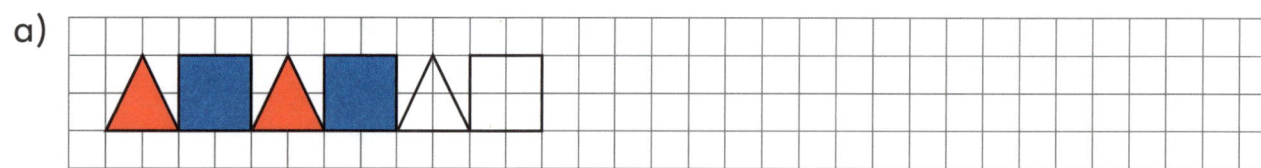

b)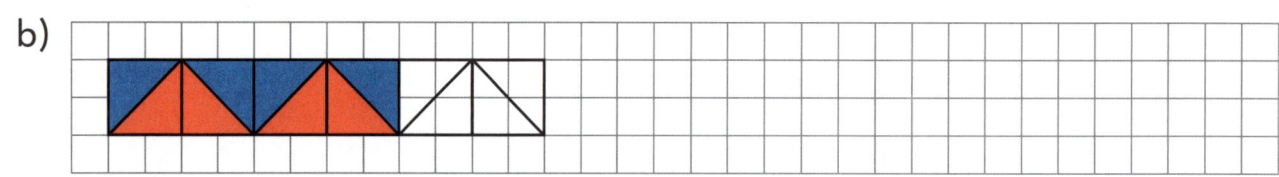

c)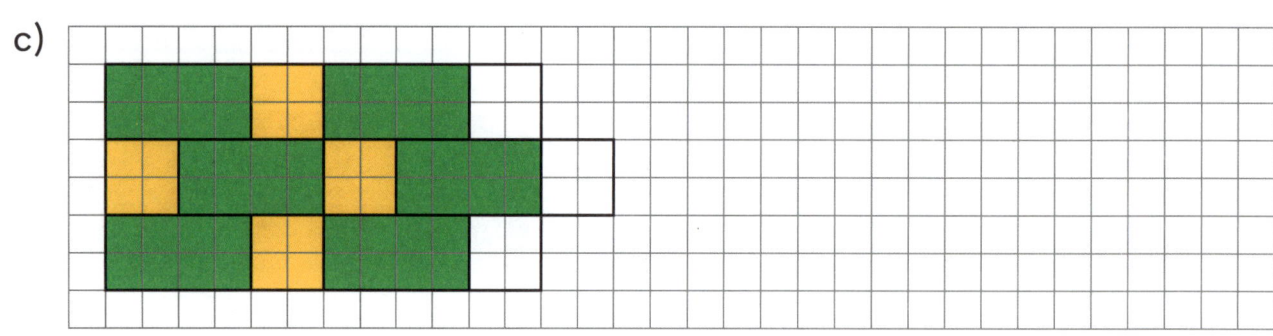

d)

2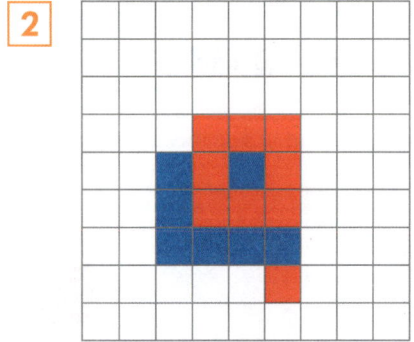

3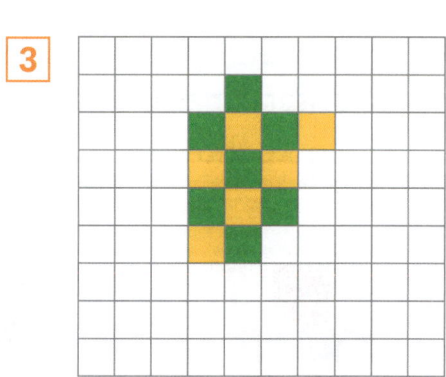

Multiplizieren

1 Schreibe immer eine Aufgabe mit + und eine mit ·.

a)

2 + 2 = ☐   2 + 2 + 2 = ☐   2 + 2 + 2 + 2 = ☐
2 · 2 = ☐   3 · 2 = ☐   4 · 2 = ☐

b)

5 + ☐ = ☐☐   ☐ + ☐ + ☐ = ☐☐   ☐ + ☐ + ☐ + ☐ = ☐☐
☐ · 5 = ☐☐   ☐ · ☐ = ☐☐   ☐ · ☐ = ☐☐

2 Schreibe immer eine Aufgabe mit + und eine mit ·.

a)

☐ + ☐ + ☐ = ☐☐
☐ · ☐ = ☐☐

b)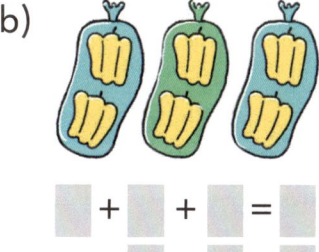

☐ + ☐ + ☐ = ☐
☐ · ☐ = ☐

c)

☐ + ☐ = ☐☐
☐ · ☐ = ☐☐

d)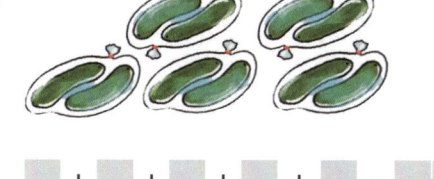

☐ + ☐ + ☐ + ☐ + ☐ = ☐☐
☐ · ☐ = ☐☐

3 Zeichne das Bild fertig und rechne.

4 + 4 + 4 = ☐
3 · 4 = ☐

Multiplizieren

1 Wie viele Punkte sind es?

a) •••
•••

3 + 3 = ☐
2 · 3 = ☐

b) ••••• •
••••• •
••••• •
••••• •

6 + 6 + 6 + 6 = ☐
4 · 6 = ☐

c) ••••• ••••
••••• ••••

9 + 9 = ☐
2 · 9 = ☐

2 Wie viele Punkte sind es? Schreibe eine Plusaufgabe und eine Malaufgabe.

a) ••••• •
••••• •
••••• •

6 + ☐ + ☐ = ☐
☐ · 6 = ☐

b) ••••
••••

☐ + ☐ = ☐
☐ · ☐ = ☐

Es sind 3 Zeilen mit je 6 Punkten.

c) ••••• •••
••••• •••
••••• •••

☐ + ☐ + ☐ = ☐
☐ · ☐ = ☐

d) •••••
•••••

☐ + ☐ = ☐
☐ · ☐ = ☐

e) •••
•••
•••

☐ + ☐ + ☐ = ☐
☐ · ☐ = ☐

3 Wie viele Punkte sind es? Schreibe die Malaufgabe und rechne.

a) ••••• ••
••••• ••

2 · 7 = ☐

b) ••••• •••••
••••• •••••
••••• •••••
••••• •••••
••••• •••••

☐ · ☐ = ☐

c) •••••
•••••
•••••

☐ · ☐ = ☐

4 Zeichne das Punktefeld und rechne.

a) 4 · 2 = ☐

b) 3 · 5 = ☐

c) 2 · 6 = ☐

Multiplizieren und Verdoppeln

1 Rechne Aufgabe und Tauschaufgabe.

a) $3 \cdot 4 =$
$4 \cdot 3 =$

b) $2 \cdot 6 =$
$6 \cdot 2 =$

c) $4 \cdot 5 =$
$5 \cdot 4 =$

2 Rechne Aufgabe und Tauschaufgabe.

a) $2 \cdot 5 =$
$5 \cdot 2 =$

b) $\_ \cdot \_ =$
$\_ \cdot \_ =$

c) $\_ \cdot \_ =$
$\_ \cdot \_ =$

3 Finde Aufgabe und Tauschaufgabe.

a) $4 \cdot 7 =$
$7 \cdot 4 =$

b) $\_ \cdot \_ =$
$\_ \cdot \_ =$

c) $\_ \cdot \_ =$
$\_ \cdot \_ =$

d) $\_ \cdot \_ =$
$\_ \cdot \_ =$

4 Verdopple. Zeichne und schreibe die Aufgabe.

a) $2 \cdot 5 =$
$4 \cdot 5 =$

b) $3 \cdot 4 =$
$\_ \cdot 4 =$

c) $4 \cdot 5 =$
$\_ \cdot 5 =$

d) $2 \cdot 6 =$
$\_ \cdot 6 =$

Multiplizieren mit 2

1 Wie viele Punkte sind es? Schreibe eine Plusaufgabe und eine Malaufgabe.

a) 2 + ☐ + ☐ = ☐
☐ · ☐ = ☐

b) ☐ + ☐ + ☐ + ☐ = ☐
☐ · ☐ = ☐

c) ☐ + ☐ = ☐
☐ · ☐ = ☐

2 Schreibe als Malaufgabe und rechne.

a) ☐ · ☐ = ☐

b) ☐ · ☐ = ☐

c) 2 + 2 + 2 + 2
☐ · ☐ = ☐

d) 2 + 2 + 2 + 2 + 2 + 2 + 2
☐ · ☐ = ☐

3 Verdopple und rechne.

a) 1 · 2 = ☐
2 · 2 = ☐

b) 2 · 2 = ☐
☐ · 2 = ☐

c) 3 · 2 = ☐
☐ · 2 = ☐

d) 4 · 2 = ☐
☐ · 2 = ☐

4 Rechne Aufgabe und Tauschaufgabe.

a) 4 · 2 = ☐
2 · 4 = ☐

b) 5 · 2 = ☐
☐ · ☐ = ☐

c) 9 · 2 = ☐
☐ · ☐ = ☐

d) 7 · 2 = ☐
☐ · ☐ = ☐

5 Trage die Ergebnisse der Malfolge mit 2 ein.

1·2   2·2   3·2   4·2   5·2   6·2   7·2   8·2   9·2   10·2

Multiplizieren mit 5

1 Wie viele Punkte sind es? Schreibe eine Malaufgabe.

a) •••••   b) •••••   c) •••••   d) •••••
         •••••   •••••   •••••
                    •••••   •••••
                    •••••   •••••
                               •••••

☐ · ☐ = ☐☐   ☐ · ☐ = ☐☐   ☐ · ☐ = ☐☐   ☐ · ☐ = ☐☐

2 Schreibe als Malaufgabe und rechne.

a) [⁙][⁙][⁙][⁙]   b) [⁙][⁙][⁙][⁙][⁙][⁙][⁙]

☐ · ☐ = ☐☐   ☐ · ☐ = ☐☐

c) 5 + 5 + 5   d) 5 + 5 + 5 + 5 + 5 + 5 + 5

☐ · ☐ = ☐   ☐ · ☐ = ☐☐

3 Verdopple und rechne.

a) 2 · 5 = ☐☐   b) 3 · 5 = ☐☐   c) 4 · 5 = ☐☐
   4 · 5 = ☐☐   ☐ · 5 = ☐☐   ☐ · 5 = ☐☐

4 Rechne Aufgabe und Tauschaufgabe.

a) 1 · 5 = ☐   b) 4 · 5 = ☐☐   c) 6 · 5 = ☐☐   d) 9 · 5 = ☐☐
   5 · 1 = ☐   ☐ · ☐ = ☐☐   ☐ · ☐ = ☐☐   ☐ · ☐ = ☐☐

5 Trage die Ergebnisse der Malfolge mit 5 ein.

Multiplizieren mit 10

1 Wie viele Punkte sind es? Schreibe eine Malaufgabe.

a)  b)  c)

☐ · ☐ = ☐   ☐ · ☐ = ☐   ☐ · ☐ = ☐

2 Verdopple und rechne.

a) 1 · 10 = ☐   b) 2 · 10 = ☐   c) 3 · 10 = ☐   d) 4 · 10 = ☐
   2 · 10 = ☐   ☐ · 10 = ☐   ☐ · 10 = ☐   ☐ · 10 = ☐

3 Finde die Nachbaraufgaben und rechne.

a) 6 · 10 = ☐   b) ☐ · 10 = ☐   c) ☐ · 10 = ☐
   7 · 10 = ☐   3 · 10 = ☐   9 · 10 = ☐
   8 · 10 = ☐   ☐ · 10 = ☐   ☐ · 10 = ☐

4 Rechne Aufgabe und Tauschaufgabe.

a) 4 · 10 = ☐   b) 5 · 10 = ☐   c) 7 · 10 = ☐
   ☐ · ☐ = ☐   ☐ · ☐ = ☐   ☐ · ☐ = ☐

5 Trage die Ergebnisse der Malfolge mit 10 ein.

Dividieren – Aufteilen

1 Wie viele Ställe werden benötigt?
Kreise ein und rechne.

a) immer 5 Schafe

15 : 5 =

b) immer 6 Rehe

12 : 6 =

c) immer 4 Hasen

12 : 4 =

d) immer 8 Enten

16 : 8 =

2 Wie viele Türme werden es?
Kreise ein und schreibe die Aufgabe.

a) 16 Steine

 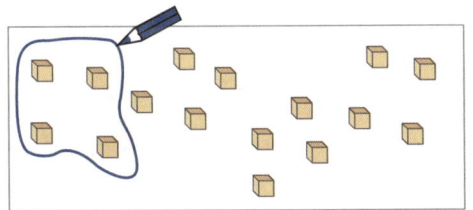

16 : 4 =

b) 21 Steine

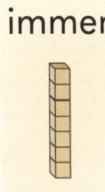 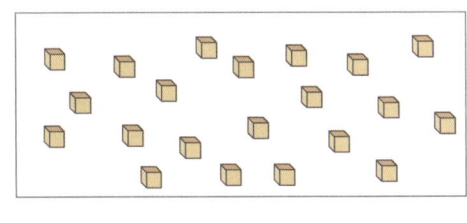

☐ : ☐ = ☐

c) 18 Steine

 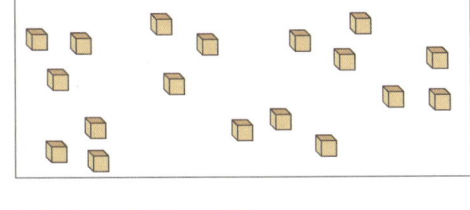

☐ : ☐ = ☐

d) 20 Steine

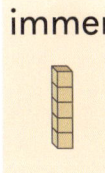 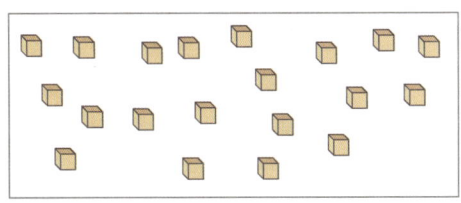

☐ : ☐ = ☐

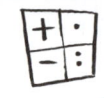

Dividieren – Verteilen

1 Verbinde und rechne.

a) Verteile 4 Äpfel auf 2 Teller.

4 : 2 =

b) Verteile 12 Bonbons auf 2 Teller.

12 : 2 =

c) Verteile 6 Bonbons auf 3 Teller.

6 : 3 =

d) Verteile 15 Kekse auf 3 Teller.

15 : 3 =

2 Verbinde und schreibe die Aufgabe.

a) Verteile 9 Möhren auf 3 Teller.

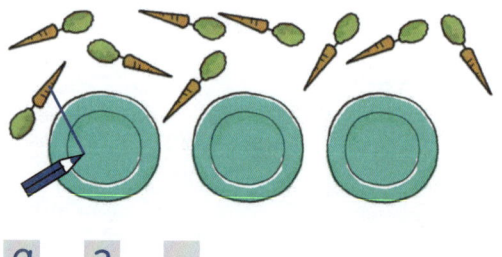

9 : 3 =

b) Verteile 12 Kiwis auf 3 Teller.

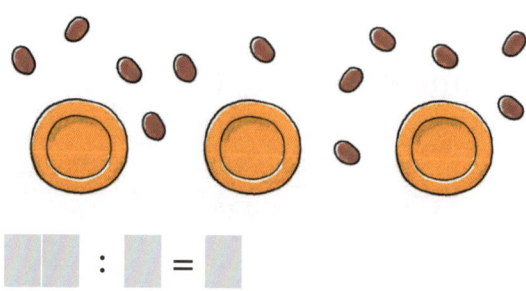

☐ : ☐ = ☐

c) Verteile 8 Erdbeeren auf 4 Teller.

☐ : ☐ = ☐

d) Verteile 16 Tomaten auf 4 Teller.

☐ : ☐ = ☐

Dividieren – Aufgabenbeziehungen

1 Wie viele Türme werden es? Rechne Aufgabe und Umkehraufgabe.

a) 8 Steine   b) 12 Steine   c) 10 Steine   d) 15 Steine

immer   immer   immer   immer

8 : 4 =   12 : 3 =   10 : 2 =   15 : 5 =
   · 4 = 8   · 3 = 12   · 2 = 10   · 5 = 15

2 Rechne Aufgabe und Umkehraufgabe.

a)    b) 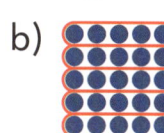   c)

4 · 8 =   · =   · =
   : 8 = 4   : =   : =

3

a) 3 18 6

6 · 3 =
3 · 6 =
18 : 3 =
18 : 6 =

b) 5 3 15

· =
· =
: =
: =

c) 4   7

7 · 4 =
· =
: =
: =

4 Halbiere. Zeichne und schreibe die Aufgaben.

a)   b)   c)   d)

2 · 6 =   6 · 5 =   4 · 3 =   6 · 2 =
1 · 6 =   · 5 =   · 3 =   · 2 =

SB S. 62–64   ÜH S. 32–33   41

Dividieren durch 2

1 Wie viele Paare sind es? Kreise ein und rechne.

14 : 2 = ☐   18 : 2 = ☐

2 Immer die Hälfte: Zeichne und rechne.

a)    b) ••••• ••••   c) ••••• •   d) ••••• ••

10 : 2 = ☐   18 : 2 = ☐   12 : 2 = ☐   14 : 2 = ☐

3 Rechne Aufgabe und Umkehraufgabe.

a) 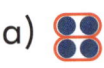   b)   c)    d)

4 : 2 = ☐   8 : 2 = ☐   16 : 2 = ☐   6 : 2 = ☐

☐ · 2 = 4   ☐ · ☐ = ☐   ☐ · ☐ = ☐   ☐ · ☐ = ☐

4 Bilde Aufgabenfamilien.

a) 3   2   6   b) 5   2   c) 2   12

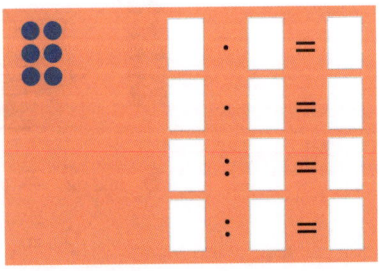
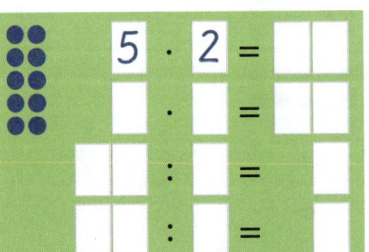

Dividieren durch 5

1 Wie viele Netze werden es? Kreise immer 5 ein und rechne.

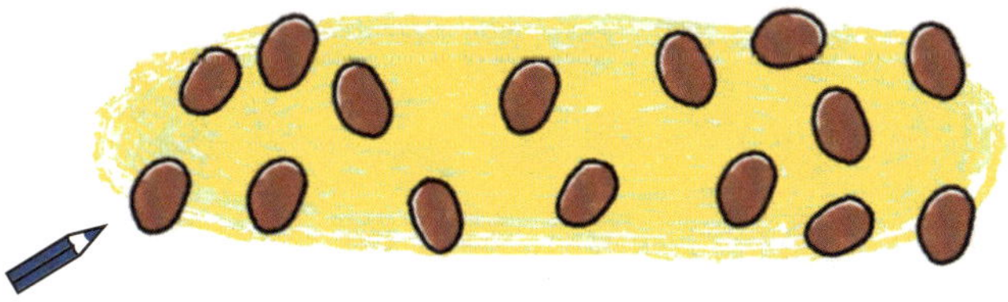

15 : 5  = ☐   20 : 5 = ☐

2 Immer 5: Schreibe die Aufgabe und rechne.

a) 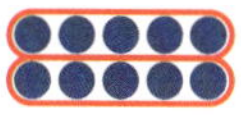 10 : 5 = ☐   b)  ☐ : ☐ = ☐   c)  ☐ : ☐ = ☐   d) 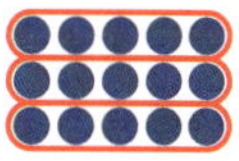 ☐ : ☐ = ☐

3 Rechne Aufgabe und Umkehraufgabe.

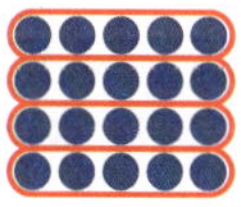

20 : 5 = ☐   40 : 5 = ☐   5 : 5 = ☐   35 : 5 = ☐
☐ · 5 = 20   ☐ · ☐ = ☐   ☐ · ☐ = ☐   ☐ · ☐ = ☐

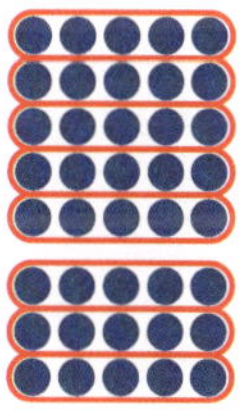

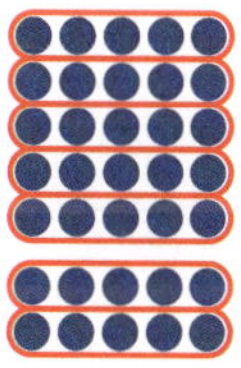

4 Bilde Aufgabenfamilien.

a) 45 5 9

☐ · ☐ = ☐
☐ · ☐ = ☐
☐ : ☐ = ☐
☐ : ☐ = ☐

b) 3 5

3 · 5 = ☐
☐ · ☐ = ☐
☐ : ☐ = ☐
☐ : ☐ = ☐

c) 50 10

☐ · ☐ = ☐
☐ · ☐ = ☐
50 : 10 = ☐
☐ : ☐ = ☐

Dividieren durch 10

1 Wie viele Netze werden es? Kreise immer 10 ein und rechne.

20 : 10 = ☐   30 : 10 = ☐

2 Immer 10: Schreibe die Aufgabe und rechne.

a) 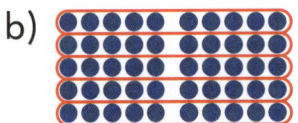   b)   c)

☐ : ☐ = ☐   ☐ : ☐ = ☐   ☐ : ☐ = ☐

3 Rechne Aufgabe und Umkehraufgabe.

a) 90 : 10 = ☐   b) 60 : 10 = ☐   c) 100 : 10 = ☐

☐ · ☐ = ☐   ☐ · ☐ = ☐   ☐ · ☐ = ☐

4 Rechne und male.

10 : 10 = ☐
20 : 10 = ☐
30 : 10 = ☐
40 : 10 = ☐

50 : 10 = ☐
60 : 10 = ☐
70 : 10 = ☐
80 : 10 = ☐

Multiplizieren und Dividieren

1 a)
1 · 3 =
2 · 3 =
5 · 3 =
10 · 3 =

Das sind Kernaufgaben.

b)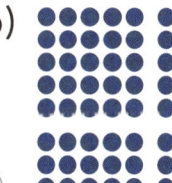
1 · 7 =
2 · 7 =
5 · 7 =
10 · 7 =

2 Nutze die Kernaufgaben zum Lösen schwieriger Aufgaben.

a)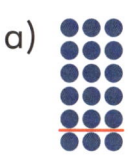
6 · 3 =
5 · 3 =
1 · 3 =

b)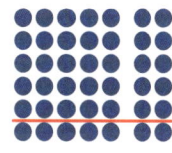
6 · 7 =
5 · 7 =
1 · 7 =

c)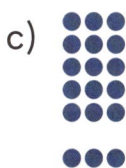
9 · 3 =
10 · 3 =
1 · 3 =

d)
9 · 7 =
10 · 7 =
1 · 7 =

3 a)

·	1	2	5	10
5				
10				

b)

:	2	5	10
10			
20			

4 a) Der 1. Faktor ist 4. Der 2. Faktor ist 5. Berechne das Produkt.

☐ · ☐ = ☐

Faktor — Faktor — Produkt

b) Der Dividend ist 40. Der Divisor ist 10. Berechne den Quotienten.

☐ : ☐ = ☐

Dividend — Divisor — Quotient

Multiplizieren und Dividieren

1
a) 6 · 1 =   b) 5 · 0 =   c) 4 : 2 =   d) 5 : 5 =
9 · 2 =   1 · 10 =   8 : 2 =   15 : 5 =
4 · 5 =   10 · 2 =   10 : 2 =   30 : 5 =
5 · 10 =   2 · 5 =   20 : 2 =   25 : 5 =

0 1 2 3 4 5 5 6 6 10 10 10 18 20 20 50

2 Bilde Aufgabenfamilien.

a) 5 35 7
☐ · ☐ = ☐
☐ · ☐ = ☐
☐ : ☐ = ☐
☐ : ☐ = ☐

b) 10 8
8 · 10 =
☐ · ☐ = ☐
☐ : ☐ = ☐
☐ : ☐ = ☐

c) 2 14
☐ · ☐ = ☐
☐ · ☐ = ☐
14 : 2 =
☐ : ☐ = ☐

3 Rechne und male.

10:   8:   5:   0:

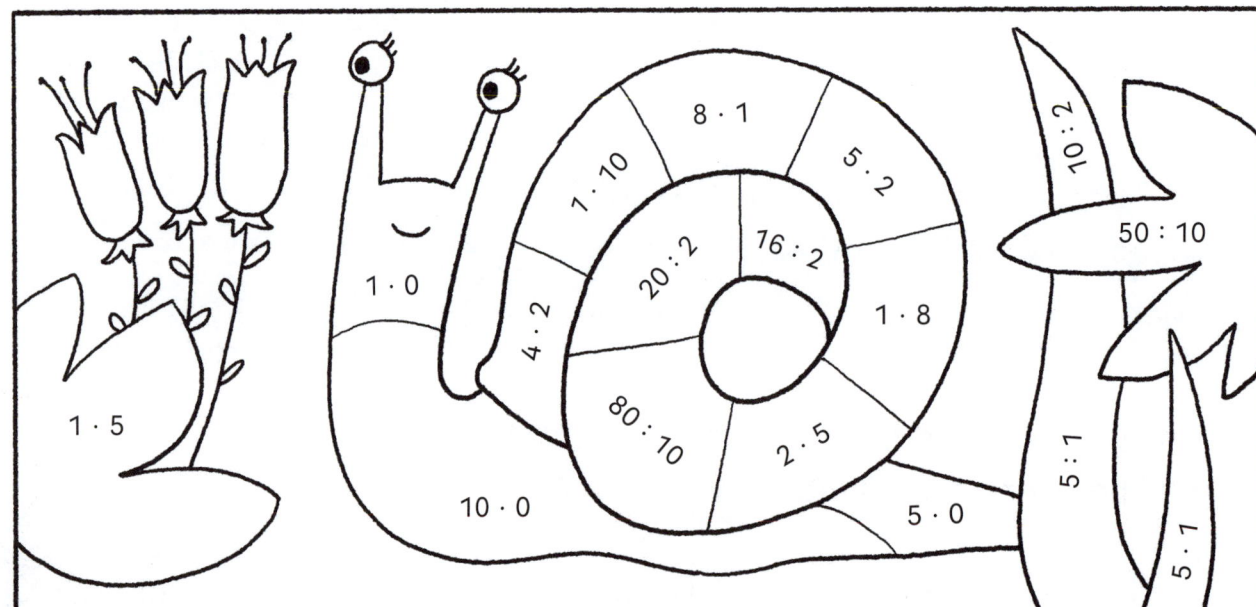

Würfel, Quader, Kugel

1 Ordne die Gegenstände zu. Verbinde.

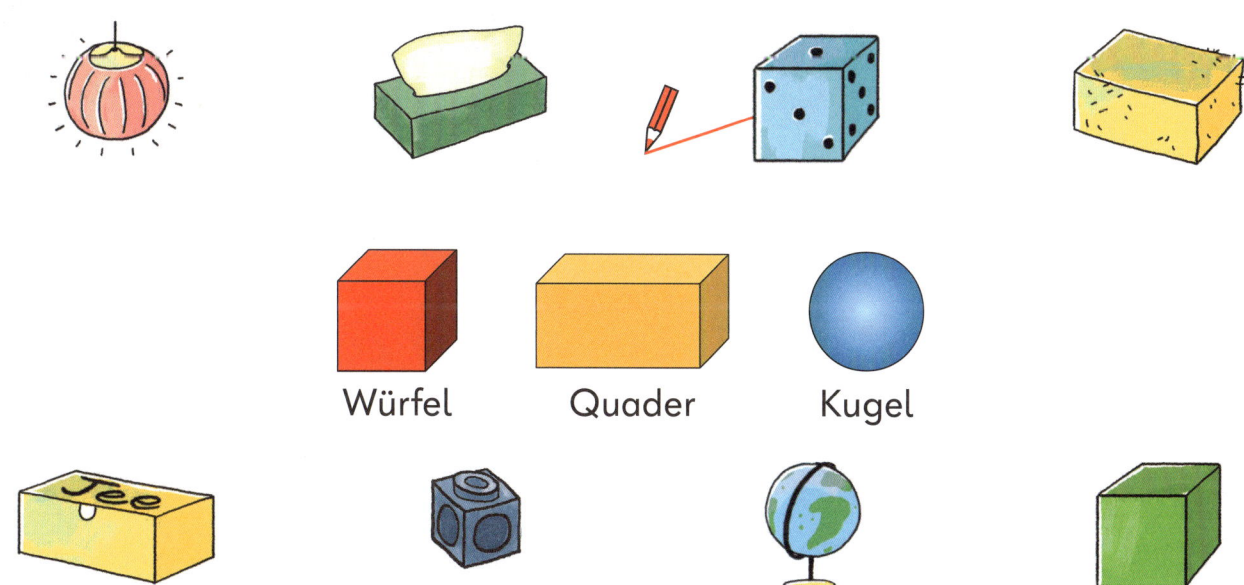

2 Male Würfel ✏️, Quader ✏️ und Kugeln ✏️ aus.

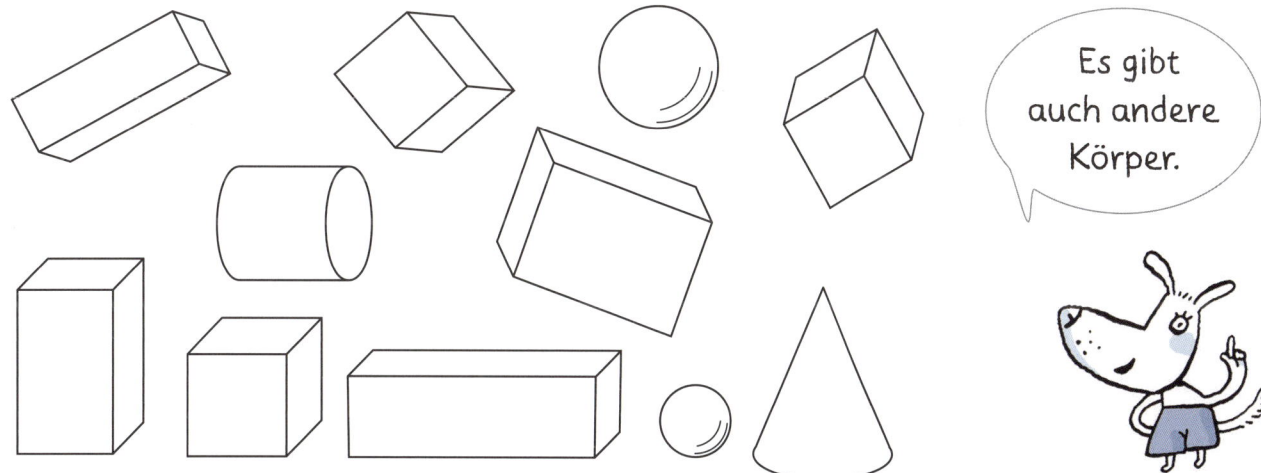

Es gibt auch andere Körper.

3 Markiere an jedem Körper eine Ecke ✏️, eine Kante ✏️, eine Fläche ✏️.

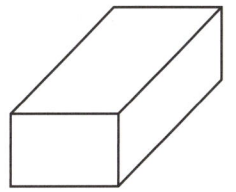 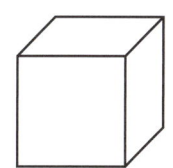  

Die Kugel hat eine Fläche und keine Ecken und Kanten.

Würfel, Quader, Kugel

1 Würfel oder Quader? Kreuze an.

	Würfel	Quader
a) Alle Flächen sind gleich groß.	○	○
b) Es sind nicht alle Flächen gleich groß.	○	○
c) Es sind nicht alle Kanten gleich lang.	○	○
d) Alle Flächen sind Quadrate.	○	○

2

a) Ein Würfel hat ▢ Flächen, ▢ Ecken und ▢ Kanten.

b) Ein Quader hat ▢ Flächen, ▢ Ecken und ▢ Kanten.

c) Eine Kugel hat ▢ Flächen, ▢ Ecken und ▢ Kanten.

3 Richtig *r* oder falsch *f*? Trage ein.

a) Eine Kugel hat keine Ecken.

b) Ein Würfel hat 6 Flächen.

c) Alle Flächen eines Würfels sind Quadrate.

d) Ein Quader hat 8 Ecken.

e) Ein Quader ist ein Körper.

f) Ein Quadrat ist eine Fläche.

Baupläne

1 Wie viele Würfel sind es?

a)    b)    c)    d)

☐ Würfel   ☐ Würfel   ☐ Würfel   ☐ Würfel

Du kannst auch nachbauen.

2 In welcher Reihenfolge wurde gebaut?

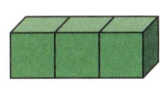      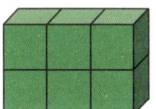   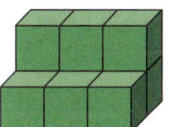

1.   ☐   ☐   ☐

3 Welcher Bauplan passt zu welchem Gebäude? Verbinde.

| 3 | 1 | 3 |
| 2 | 1 | 2 |

| 1 | 2 | 3 |
| 1 | 2 | 3 |

| 2 | 3 | 2 |
| 2 | 2 | 2 |

| 3 | 3 | 3 |
| | 2 | 2 |

4 Schreibe die Baupläne.

a) 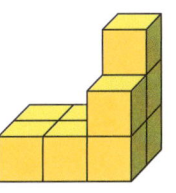   b)    c)    d)

Addieren und Subtrahieren mit Zehnerzahlen

1 Zeichne und rechne.

a)  43 + 30 =

b) 27 + 40 =

2 a) 36 + 20 =
44 + 30 =
27 + 50 =
63 + 20 =

Die Tauschaufgabe hilft.

b) 30 + 56 =
10 + 71 =
20 + 49 =
30 + 63 =

56 69
74 77
81 83
86 93

3 Zeichne und rechne.

a) 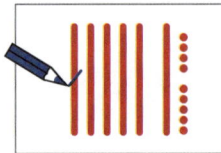 69 − 20 =

b) 52 − 30 =

4 a) 44 − 30 =
96 − 50 =
73 − 20 =
69 − 30 =

b) 98 − 70 =
75 − 40 =
61 − 50 =
46 − 30 =

11 14
16 28
35 39
46 53

5 Zeichne und rechne.

a)  36 + ☐ = 76

b) 44 + ☐ = 94

c)  81 − ☐ = 41

d) 69 + ☐ = 39

Addieren ohne Zehnerübergang

1 a)    36 + 42 = ☐
36 + 40 = 76
76 + 2 = ☐

 *Erst die Zehner dazu, dann die Einer dazu.*

b) 43 + 25 = ☐
☐ + ☐ = ☐
☐ + ☐ = ☐

c)    36 + 31 = ☐
☐ + ☐ = ☐
☐ + ☐ = ☐

2 Zeichne und rechne.

a) 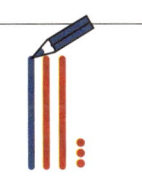   23 + 44 = ☐
☐ + ☐ = ☐
☐ + ☐ = ☐

b)   51 + 22 = ☐
☐ + ☐ = ☐
☐ + ☐ = ☐

c)   33 + 45 = ☐
☐ + ☐ = ☐
☐ + ☐ = ☐

d)   46 + 13 = ☐
☐ + ☐ = ☐
☐ + ☐ = ☐

3 a) 36 + 53 = ☐
36 + 50 = ☐
☐ + 3 = ☐

b) 54 + 25 = ☐
☐ + ☐ = ☐
☐ + ☐ = ☐

c) 42 + 57 = ☐
☐ + ☐ = ☐
☐ + ☐ = ☐

d) 33 + 45 = ☐
☐ + ☐ = ☐
☐ + ☐ = ☐

e) 46 + 43 = ☐
☐ + ☐ = ☐
☐ + ☐ = ☐

f) 61 + 27 = ☐
☐ + ☐ = ☐
☐ + ☐ = ☐

79 83 87 88 89 99

Subtrahieren ohne Zehnerübergang

1 a) 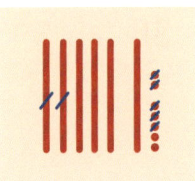 56 − 35 =
56 − 30 = 26
26 − 5 =

 Erst die Zehner weg, dann die Einer weg.

b) 67 − 25 =
– =
– =

c) 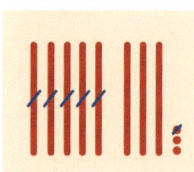 83 − 51 =
– =
– =

2 Zeichne und rechne.

a) 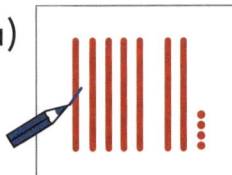 74 − 32 =
– =
– =

b) 48 − 16 =
– =
– =

c) 85 − 43 =
– =
– =

d) 53 − 21 =
– =
– =

3 a) 65 − 32 =
65 − 30 =
− 2 =

b) 87 − 56 =
– =
– =

c) 56 − 14 =
– =
– =

d) 43 − 21 =
– =
– =

e) 97 − 35 =
– =
– =

f) 86 − 62 =
– =
– =

 22 24 31 33 42 62

Addieren und Subtrahieren ohne Zehnerübergang

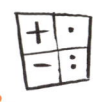

1
a) 25 + 42 =
25 + 52 =
25 + 32 =
25 + 72 =

b) 33 + 25 =
33 + 22 =
33 + 26 =
33 + 24 =

c) 23 + 41 =
44 + 53 =
35 + 34 =
32 + 51 =

 55 57 57 58 59 64 67 69 77 83 97 97

2
a) 56 – 23 =
56 – 43 =
56 – 33 =
56 – 13 =

b) 79 – 25 =
79 – 23 =
79 – 29 =
79 – 24 =

c) 57 – 14 =
75 – 41 =
68 – 25 =
86 – 32 =

 13 23 33 34 43 43 43 50 54 54 55 56

3 Bilde Aufgabenfamilien.

a) 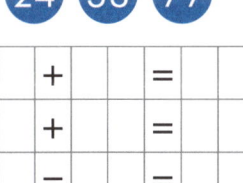 24 53 77

	+		=	
	+		=	
	–		=	
	–		=	

b) 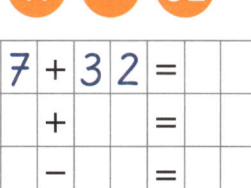 47 32

4 7	+	3 2	=	
	+		=	
	–		=	
	–		=	

c)  41 85

	+		=	
	+		=	
8 5	–	4 1	=	
	–		=	

4

 37    43    65   78

| 15 + 22 | 43 + 35 | 23 + 42 | 32 + 11 | 41 + 24 | 35 + 43 |
| 79 – 42 | 99 – 21 | 68 – 31 | 87 – 44 | 27 – 51 | 89 – 52 |

Addieren und Subtrahieren ohne Zehnerübergang

1 Zeichne und rechne.

a)

36 + ⬚ = 78
36 + 40 = 76
76 + ⬚ = 78

b)

25 + ⬚ = ⬚
25 + ⬚ = 55
55 + ⬚ = 57

c)

44 + ⬚ = 95
44 + ⬚ = ⬚
⬚ + ⬚ = 95

d)

32 + ⬚ = 68
32 + ⬚ = ⬚
⬚ + ⬚ = 68

2 Zeichne und rechne.

a)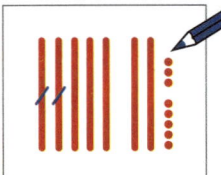

78 − ⬚ = 52
78 − 20 = 58
58 − ⬚ = 52

b)

92 − ⬚ = 41
92 − ⬚ = 42
42 − ⬚ = 41

c)

87 − ⬚ = 33
87 − ⬚ = ⬚
⬚ − ⬚ = 33

d)

69 − ⬚ = 11
69 − ⬚ = ⬚
⬚ − ⬚ = 11

3 Löse die besonderen Aufgaben.

a) 24 + 15 = ⬚
24 + 25 = ⬚
⬚ + 35 = ⬚
⬚ + ⬚ = ⬚

b) 37 + 31 = ⬚
47 + 31 = ⬚
57 + ⬚ = ⬚
⬚ + ⬚ = ⬚

c) 76 − 43 = ⬚
76 − 33 = ⬚
⬚ − 23 = ⬚
⬚ − ⬚ = ⬚

4

a)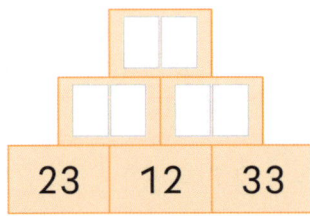

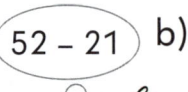 52 − 21

b)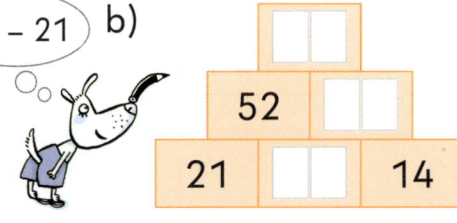

c)

Sachaufgaben – Skizzen

1 Welche Aufgabe passt zu welcher Skizze? Verbinde und löse.

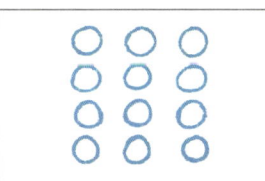

4 · 3 =

15 : 3 =

2 In der Klasse 2b können 5 Gruppen mit 3 Kindern gebildet werden. Wie viele Kinder sind in der Klasse 2b?

a) Welche Skizze passt zur Aufgabe? Kreuze an.

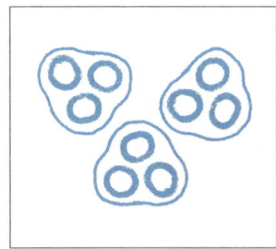 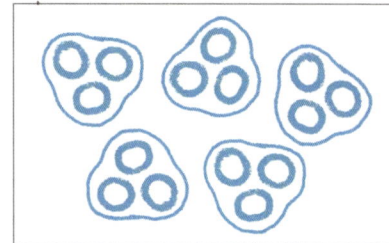 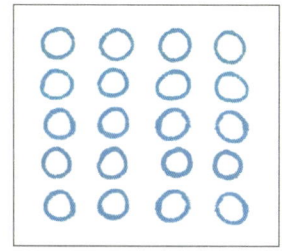

b) Löse die Aufgabe.

? Ich frage: Wie viele Kinder sind in der Klasse 2b?

= Ich rechne:

💬 Ich antworte:

3 In der Klasse 2a sind 20 Kinder. Wie viele Gruppen mit 4 Kindern werden es?

a) Zeichne eine Skizze.

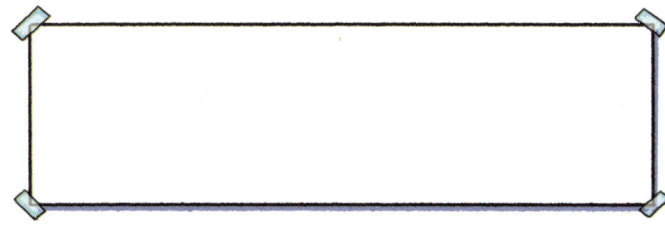 

b) Löse die Aufgabe.

? Ich frage: Wie viele Gruppen werden es?

= Ich rechne:

💬 Ich antworte:

Symmetrische Figuren

1 Das Spiegelbild stimmt nicht. Finde weitere 5 Fehler. Kreise sie ein.

2 Ergänze zu symmetrischen Figuren.

a)

b)

c)

d)

3 Welche Linien sind Symmetrieachsen? Prüfe mit dem Spiegel und kreuze an.

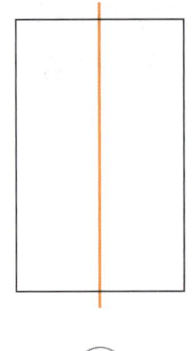 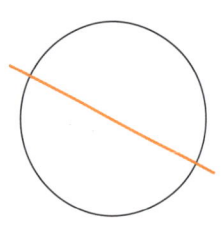 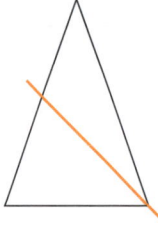 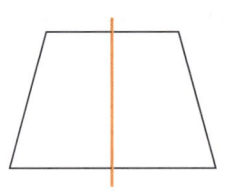 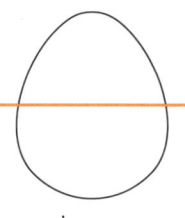

Addieren mit Zehnerübergang

1 a)

57 + 24 = ☐☐
———————
57 + 20 = 77
77 + 4 = ☐☐

Ich zerlege den 2. Summanden. Dann addiere ich die Zehner und danach die Einer.

b)

36 + 47 = ☐☐
———————
☐☐ + ☐ = ☐☐
☐☐ + ☐ = ☐☐

c)

28 + 43 = ☐☐
———————
☐☐ + ☐ = ☐☐
☐☐ + ☐ = ☐☐

2 Zeichne und rechne.

a)

58 + 26 = ☐☐
———————
☐☐ + ☐ = ☐☐
☐☐ + ☐ = ☐☐

b)

38 + 25 = ☐☐
———————
☐☐ + ☐ = ☐☐
☐☐ + ☐ = ☐☐

c)

47 + 14 = ☐☐
———————
☐☐ + ☐ = ☐☐
☐☐ + ☐ = ☐☐

d)

15 + 39 = ☐☐
———————
☐☐ + ☐ = ☐☐
☐☐ + ☐ = ☐☐

3 a) 26 + 37 = ☐☐
———————
26 + 30 = ☐☐
☐☐ + 7 = ☐☐

b) 38 + 45 = ☐☐
———————
☐☐ + ☐☐ = ☐☐
☐☐ + ☐ = ☐☐

c) 45 + 27 = ☐☐
———————
☐☐ + ☐☐ = ☐☐
☐☐ + ☐ = ☐☐

d) 63 + 29 = ☐☐
———————
☐☐ + ☐☐ = ☐☐
☐☐ + ☐ = ☐☐

e) 44 + 38 = ☐☐
———————
☐☐ + ☐☐ = ☐☐
☐☐ + ☐ = ☐☐

f) 19 + 76 = ☐☐
———————
☐☐ + ☐☐ = ☐☐
☐☐ + ☐ = ☐☐

 63 72 82 83 91 95

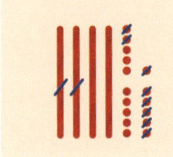

Subtrahieren mit Zehnerübergang

1 a)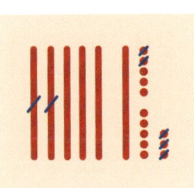
56 − 28 = ▢▢
56 − 20 = 36
36 − 8 = ▢▢

 Ich zerlege den 2. Summanden. Dann subtrahiere ich die Zehner und danach die Einer.

b)
73 − 25 = ▢▢
▢▢ − ▢ = ▢▢
▢▢ − ▢ = ▢▢

c)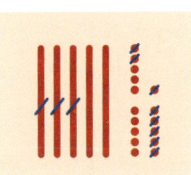
66 − 38 = ▢▢
▢▢ − ▢ = ▢▢
▢▢ − ▢ = ▢▢

2 Zeichne und rechne.

 a)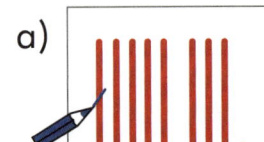
81 − 27 = ▢▢
▢▢ − ▢ = ▢▢
▢▢ − ▢ = ▢▢

b)
53 − 26 = ▢▢
▢▢ − ▢ = ▢▢
▢▢ − ▢ = ▢▢

c)
74 − 37 = ▢▢
▢▢ − ▢ = ▢▢
▢▢ − ▢ = ▢▢

d)
95 − 38 = ▢▢
▢▢ − ▢ = ▢▢
▢▢ − ▢ = ▢▢

3 a) 84 − 56 = ▢▢
84 − 50 = ▢▢
▢▢ − 6 = ▢▢

b) 77 − 28 = ▢▢
▢▢ − ▢ = ▢▢
▢▢ − ▢ = ▢▢

c) 64 − 35 = ▢▢
▢▢ − ▢ = ▢▢
▢▢ − ▢ = ▢▢

d) 63 − 29 = ▢▢
▢▢ − ▢ = ▢▢
▢▢ − ▢ = ▢▢

e) 94 − 46 = ▢▢
▢▢ − ▢ = ▢▢
▢▢ − ▢ = ▢▢

f) 76 − 37 = ▢▢
▢▢ − ▢ = ▢▢
▢▢ − ▢ = ▢▢

24 28 29 39 48 49

Addieren und Subtrahieren mit Zehnerübergang

1
a) 35 + 28 =
35 + 48 =
35 + 18 =
35 + 58 =

b) 46 + 25 =
46 + 28 =
46 + 26 =
46 + 29 =

c) 56 + 29 =
63 + 18 =
49 + 27 =
43 + 39 =

53 63 71 72 74 75 76 81 82 83 85 93

2
a) 75 − 38 =
75 − 58 =
75 − 18 =
75 − 48 =

b) 82 − 33 =
82 − 35 =
82 − 39 =
82 − 38 =

c) 83 − 29 =
62 − 24 =
55 − 36 =
91 − 74 =

17 17 19 37 38 43 44 47 47 49 54 57

3

 25    49    76    92

| 46 + 46 | 38 + 38 | 58 + 34 | 49 + 27 | 28 + 64 | 39 + 37 |
| 75 − 26 | 84 − 59 | 92 − 16 | 72 − 47 | 71 − 46 | 76 − 27 |

4 Bilde Aufgabenfamilien.

a) 48 24 72

	+		=	
	+		=	
	−		=	
	−		=	

b) 37 38 ●

3	7	+	3	8	=	
		+			=	
		−			=	
		−			=	

c) 93 56 ●

		+			=	
		+			=	
9	3	−	5	6	=	
		−			=	

Addieren und Subtrahieren mit Zehnerübergang

1 a)

+	12	32	33	28
16				
58				

b)

−	40	41	18	33
86				
51				

10 11 18 28 33 45 46 53 55 58 59 68 70 86 90 91

2 Rechne vorteilhaft. Kreise ein.

a) ㊵ + 23 + ② =
   56 + 38 + 4 =
   23 + 26 + 7 =

b) 63 − 15 − 3 =
   72 − 26 − 2 =
   56 − 27 − 6 =

3 Richtig r oder falsch f ? Berichtige die Fehler.

a) 33 + 28 = 61
   67 + 26 = 83
   41 + 42 = 83
   24 + 59 = 73

b) 84 − 39 = 61
   65 − 28 = 37
   76 − 57 = 29
   34 − 17 = 17

4 a) Lisa und Ben sammeln Äpfel.
Lisa hat 24 Äpfel. Ben hat 17 Äpfel.
? Wie viele Äpfel haben sie zusammen gesammelt?

b) In Annas Korb sind 45 Äpfel.
Sie bringt 16 Äpfel zu ihrer Oma.
? Wie viele Äpfel sind noch im Korb?

Addieren und Subtrahieren mit Zehnerübergang

1 Setze das richtige Zeichen: <, >, =.

a) 41 + 39 ◯ 89
    43 + 18 ◯ 58
    48 + 22 ◯ 71
    19 + 54 ◯ 74

b) 66 − 37 ◯ 19
    93 − 56 ◯ 48
    87 − 37 ◯ 60
    36 − 29 ◯ 19

2

a)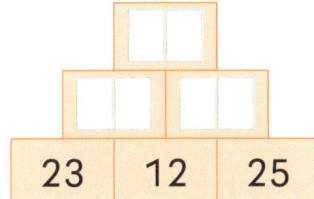
Basis: 23, 12, 25

b)
48 in Mitte; Basis: 36, __, 25

c)
Spitze: 49; 23 rechts; 9 rechts unten

3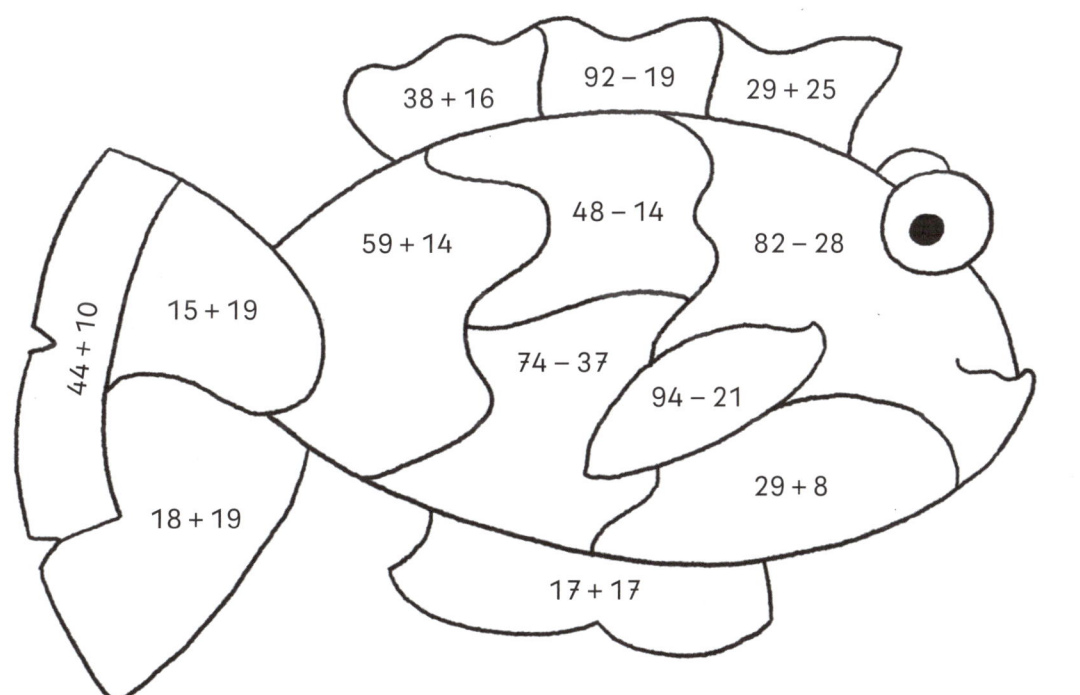

54: 🖍
73: 🖍
37: 🖍
34: 🖍

4

a) 27 → +4 → 31 → +14 → __ → +13 → __ → +20 → __

b) 85 → −6 → __ → −8 → __ → −30 → __ → −23 → __

Uhrzeit

1

2 Wie spät ist es?
Gib jeweils die Vormittagszeit und die Nachmittagszeit an.

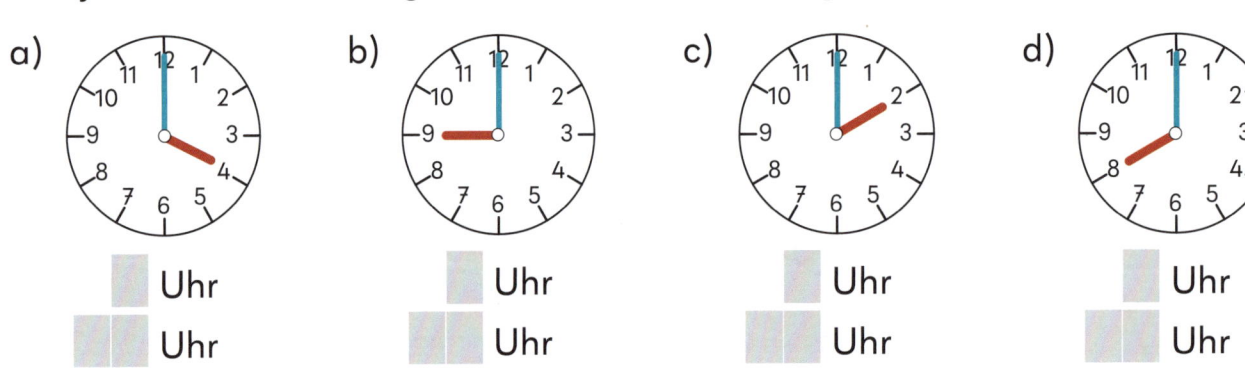

3 Zeichne die Zeiger ein.

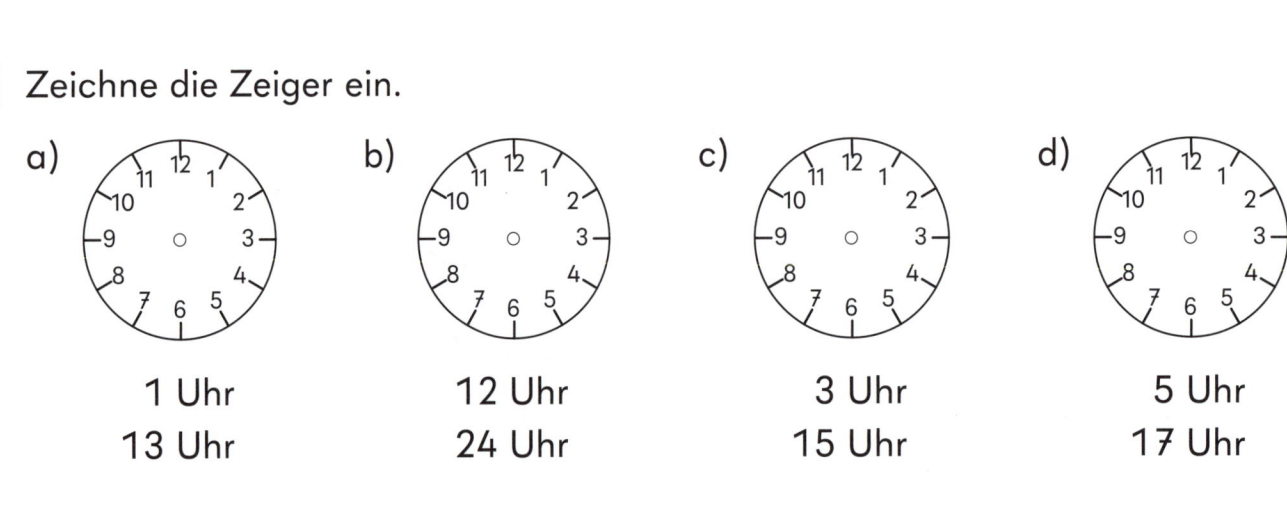

4 Welche Uhrzeiten verstecken sich hinter diesen Angaben?

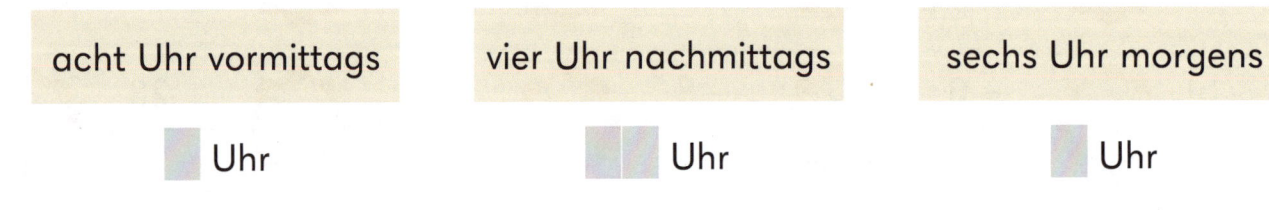

Uhrzeit

1 Wie spät ist es?
Gib jeweils die Vormittagszeit und die Nachmittagszeit an.

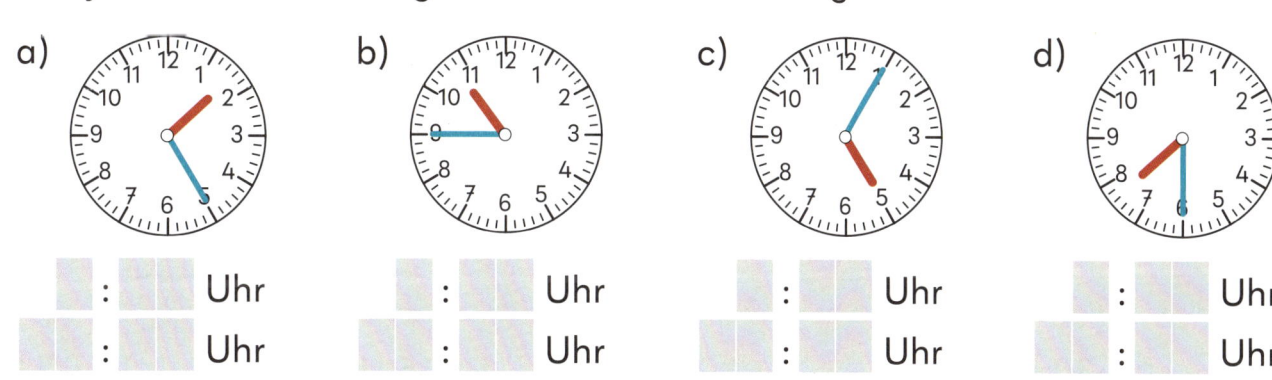

a) ☐ : ☐ Uhr
   ☐ : ☐ Uhr

b) ☐ : ☐ Uhr
   ☐ : ☐ Uhr

c) ☐ : ☐ Uhr
   ☐ : ☐ Uhr

d) ☐ : ☐ Uhr
   ☐ : ☐ Uhr

2 Zeichne die Zeiger ein.

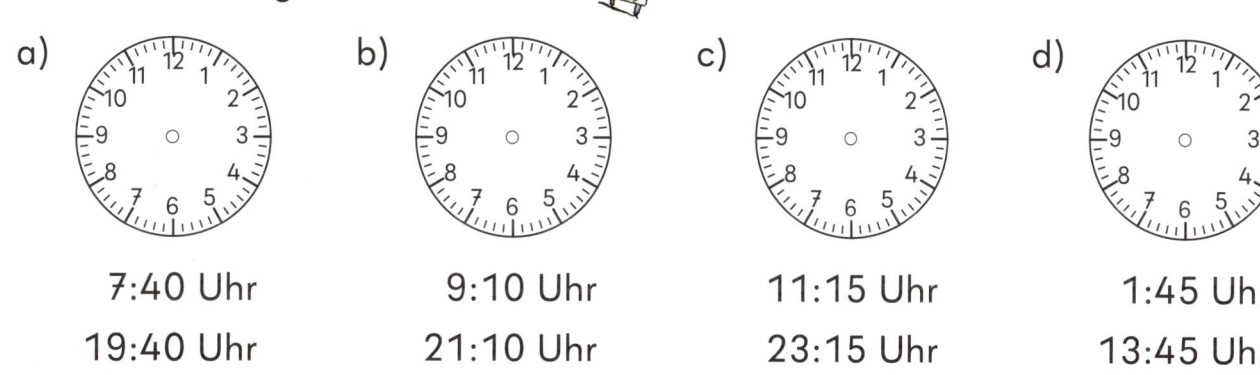

a) 7:40 Uhr
   19:40 Uhr

b) 9:10 Uhr
   21:10 Uhr

c) 11:15 Uhr
   23:15 Uhr

d) 1:45 Uhr
   13:45 Uhr

3 Ergänze die fehlende Uhrzeit.

a) 9 : 30 Uhr
   21 : 30 Uhr

b) 7 : 15 Uhr
   ☐ : ☐ Uhr

c) ☐ : ☐ Uhr
   18 : 15 Uhr

d) ☐ : ☐ Uhr
   14 : 20 Uhr

4 Immer zwei Uhrzeiten gehören zusammen. Male mit der gleichen Farbe aus.

| 20:05 Uhr | 6:30 Uhr | 1:40 Uhr | 14:45 Uhr | 8:15 Uhr |

| dreiviertel drei | viertel neun | halb sieben |

| ein Uhr vierzig | fünf nach acht |

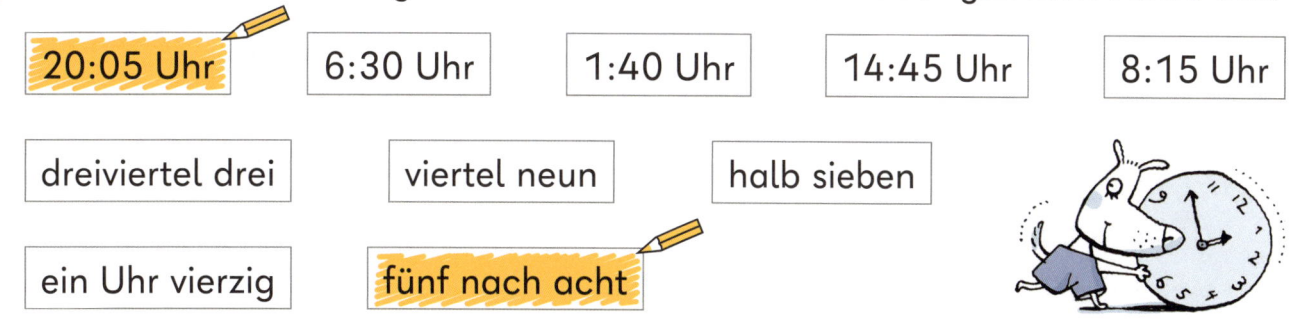

Zeitpunkt und Zeitdauer

1 Ergänze zur nächsten vollen Stunde.

a)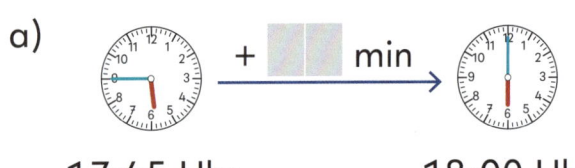

17:45 Uhr → 18:00 Uhr

Eine Stunde hat 60 Minuten.

b)

13:30 Uhr → 14:00 Uhr   c) 14:55 Uhr → 15:00 Uhr

d)

20:15 Uhr → 21:00 Uhr   e) 18:40 Uhr → ☐☐ :00 Uhr

2

12:05	Nils Holgersson
12:40	Die Insel der Erfinder
13:25	Carlos Chaostage
14:10	Schloss Zweistein
15:00	Endlich Samstag!
16:00	Wir fahren nach Berlin
16:50	Die Schule der kleinen Kobolde
17:15	Tolle Trolle
17:35	Märchenstunde
18:00	Greta, die Gans

Richtig *r* oder falsch *f* ? Trage ein.

a) „Nils Holgersson" kommt um 12:05 Uhr.

b) „Endlich Samstag!" kommt um 14:50 Uhr.

c) „Märchenstunde" beginnt um 17:35 Uhr .

d) „Die Schule der kleinen Kobolde" endet um 17:00 Uhr.

e) „Tolle Trolle" endet um 17:35 Uhr.

Zeitangaben in Sachaufgaben

[1] Lisa geht jeden Dienstag von 16 Uhr bis 17 Uhr zum Fußball.

? Wie lange dauert das Training?

= 16 Uhr —— + ▢ Stunde ——→ 17 Uhr

💬 Das Training dauert ▢ Stunde.

[2] Max geht morgens immer um 7 Uhr zur Schule. Er kommt immer um 14 Uhr nach Hause.

? Wie lange ist Max unterwegs?

= 7 Uhr —— + ▢ Stunden ——→ 14 Uhr

💬 Max ist ▢ Stunden unterwegs.

[3] Klara hat jeden Donnerstag Klavierunterricht. Er beginnt um 15:00 Uhr und dauert 45 Minuten.

? Wann ist der Unterricht zu Ende?

= 15:00 Uhr —— + 45 min ——→ ▢▢ : ▢▢ Uhr

💬 Der Unterricht ist um ▢▢ : ▢▢ Uhr zu Ende.

[4] Es ist 15:30 Uhr. Amir bekommt um 16:00 Uhr Besuch von Anna.

? Wie lange muss Amir noch warten?

= 15:30 Uhr —— + ▢▢ min ——→ 16:00 Uhr

💬 Amir muss noch ▢▢ Minuten warten.

Multiplizieren und Dividieren mit und durch 4

1 Wie viele Punkte sind es? Schreibe eine Malaufgabe.

a) ••••   b) •••• c) ••••   d) ••••
                      ••••   ••••
                      ••••   ••••
                      ••••   ••••
                              ••••
                              ••••
                              ••••
                              ••••

$1 \cdot 4 = \square$ $\square \cdot \square = \square$ $\square \cdot \square = \square$ $\square \cdot \square = \square$

Das sind die Kernaufgaben.

2 Nutze die Kernaufgaben zum Lösen schwieriger Aufgaben.

a) $3 \cdot 4 =$
$2 \cdot 4 =$
$1 \cdot 4 =$

b) $6 \cdot 4 =$
$5 \cdot 4 =$
$1 \cdot 4 =$

c) $9 \cdot 4 =$
$10 \cdot 4 =$
$1 \cdot 4 =$

d) $8 \cdot 4 =$
$10 \cdot 4 =$
$2 \cdot 4 =$

3 Ergänze die Ergebnisse der Malfolge der 4.

0	4									
0·4	1·4	2·4	3·4	4·4	5·4	6·4	7·4	8·4	9·4	10·4

4 Immer 4: Löse mit der Umkehraufgabe.

a) $8 : 4 =$
$\square \cdot 4 = 8$

b) $20 : 4 =$
$\square \cdot \square = \square$

c) $16 : 4 =$
$\square \cdot \square = \square$

d) $12 : 4 =$
$\square \cdot \square = \square$

Multiplizieren und Dividieren mit und durch 8

1 Wie viele Punkte sind es? Schreibe eine Malaufgabe.

a) 3 · ☐ = ☐   b) ☐ · ☐ = ☐   c) ☐ · ☐ = ☐   d) ☐ · ☐ = ☐

2 Verdopple und rechne.

a) 1 · 4 = ☐   b) 2 · 4 = ☐   c) 4 · 4 = ☐   d) 5 · 4 = ☐
   1 · 8 = ☐   2 · ☐ = ☐   4 · ☐ = ☐   5 · ☐ = ☐

3 Ergänze die Ergebnisse der Malfolge der 8.

0 · 8 | 1 · 8 | 2 · 8 | 3 · 8 | 4 · 8 | 5 · 8 | 6 · 8 | 7 · 8 | 8 · 8 | 9 · 8 | 10 · 8

0   8

4 Immer 8: Löse mit der Umkehraufgabe.

a) 24 : 8 = ☐   b) 16 : 8 = ☐   c) 40 : 8 = ☐
   ☐ · 8 = 24   ☐ · ☐ = ☐   ☐ · ☐ = ☐

d) 32 : 8 = ☐   e) 56 : 8 = ☐   f) 64 : 8 = ☐
   ☐ · 8 = 32   ☐ · ☐ = ☐   ☐ · ☐ = ☐

Multiplizieren und Dividieren

1 Rechne Aufgabe und Umkehraufgabe.

a) 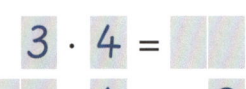   b)    c) 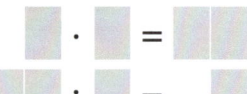   d)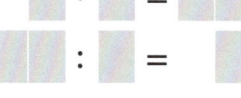

a) $3 \cdot 4 = $ b) $ \cdot = $ c) $ \cdot = $ d) $ \cdot = $

$: 4 = 3$ $: = $ $: = $ $: = $

2
a) $3 \cdot 2 = $ b) $3 \cdot 4 = $ c) $3 \cdot 8 = $
$6 \cdot 2 = $ $6 \cdot 4 = $ $6 \cdot 8 = $
$9 \cdot 2 = $ $9 \cdot 4 = $ $9 \cdot 8 = $
$7 \cdot 2 = $ $7 \cdot 4 = $ $7 \cdot 8 = $

6 12 12 14 18 24 24 28 36 48 56 72

3
a) $20 : 2 = $ b) $40 : 4 = $ c) $24 : 8 = $
$10 : 2 = $ $20 : 4 = $ $32 : 8 = $
$16 : 2 = $ $12 : 4 = $ $40 : 8 = $
$8 : 2 = $ $24 : 4 = $ $48 : 8 = $

Ich lege mit Plättchen.

3 3 4 4 5 5 5 6 6 8 10 10

4

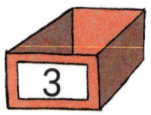   8   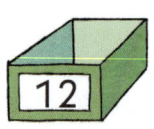   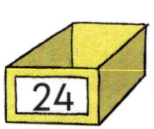

| $6 \cdot 2$ | $2 \cdot 4$ | $3 \cdot 8$ | $3 \cdot 4$ | $6 \cdot 4$ | $1 \cdot 3$ |

| $40 : 5$ | $30 : 10$ | $16 : 2$ | $64 : 8$ | $80 : 10$ | $15 : 5$ |

5 Verteile 30 Bonbons an 5 Kinder.

$: = $

Multiplizieren und Dividieren mit und durch 3

1 Nutze die Kernaufgaben zum Lösen schwieriger Aufgaben.

a) 4 · 3 =
2 · 3 =
2 · 3 =

b) 7 · 3 =
5 · 3 =
2 · 3 =

c) 9 · 3 =
10 · 3 =
1 · 3 =

d) 8 · 3 =
10 · 3 =
2 · 3 =

2 Ergänze die Ergebnisse der Malfolge der 3.

0 · 3 | 1 · 3 | 2 · 3 | 3 · 3 | 4 · 3 | 5 · 3 | 6 · 3 | 7 · 3 | 8 · 3 | 9 · 3 | 10 · 3

3 Rechne Aufgabe und Umkehraufgabe.

a) 5 · 3 =
☐ : 3 =

b) ☐ · ☐ =
☐ : ☐ =

c) ☐ · ☐ =
☐ : ☐ =

d) ☐ · ☐ =
☐ : ☐ =

4 Richtig r oder falsch f ? Berichtige die Fehler.

a) 3 · 3 = 9
6 · 3 = 16
8 · 3 = 24
0 · 3 = 3

b) 30 : 3 = 10
12 : 3 = 3
21 : 3 = 8
3 : 3 = 1

Multiplizieren und Dividieren mit und durch 6

1 Verdopple und rechne.

a) ●●●|●●●   b) ●●●|●●● (2 Reihen)   c) ●●●|●●● (4 Reihen)   d) ●●●|●●● (7 Reihen)

$2 \cdot 3 =$ ☐ $3 \cdot 3 =$ ☐ $5 \cdot 3 =$ ☐ $7 \cdot 3 =$ ☐

$2 \cdot 6 =$ ☐ $3 \cdot$ ☐ $=$ ☐ $5 \cdot$ ☐ $=$ ☐ $7 \cdot$ ☐ $=$ ☐

2 Ergänze die Ergebnisse der Malfolge der 6.

0 · 6 | 1 · 6 | 2 · 6 | 3 · 6 | 4 · 6 | 5 · 6 | 6 · 6 | 7 · 6 | 8 · 6 | 9 · 6 | 10 · 6

(0, 6, ...)

3 Bilde Aufgabenfamilien.

a) 3   6   18

☐ · ☐ = ☐
☐ · ☐ = ☐
☐ : ☐ = ☐
☐ : ☐ = ☐

b) 6   8   ☐

$8 \cdot 6 =$ ☐
☐ · ☐ = ☐
☐ : ☐ = ☐
☐ : ☐ = ☐

c) 24   6   ☐

☐ · ☐ = ☐
☐ · ☐ = ☐
$24 : 6 =$ ☐
☐ : ☐ = ☐

4 a) $6 : 3 =$ ☐   b) $18 : 3 =$ ☐   c) $24 : 3 =$ ☐   d) $12 : 3 =$ ☐

     $6 : 6 =$ ☐ $18 : 6 =$ ☐ $24 : 6 =$ ☐ $12 : 6 =$ ☐

1 2 2 3 4 4 6 8

5 Wie viele Flaschen sind in 5 Kisten?

☐ : ☐ = ☐

Multiplizieren und Dividieren mit und durch 9

1 Nutze die Kernaufgaben zum Lösen schwieriger Aufgaben.

a) 3 · 9 =
2 · 9 =
1 · 9 =

b) 7 · 9 =
☐ · ☐ =
☐ · ☐ =

c) 6 · 9 =
☐ · ☐ =
☐ · ☐ =

d) 9 · 9 =
☐ · ☐ =
☐ · ☐ =

2 Ergänze die Ergebnisse der Malfolge der 9.

0 · 9   1 · 9   2 · 9   3 · 9   4 · 9   5 · 9   6 · 9   7 · 9   8 · 9   9 · 9   10 · 9

3 Rechne Aufgabe und Umkehraufgabe.

a) 4 · 9 = ☐
☐ : 9 = ☐

b) ☐ · ☐ = ☐
☐ : ☐ = ☐

c) ☐ · ☐ = ☐
☐ : ☐ = ☐

d) ☐ · ☐ = ☐
☐ : ☐ = ☐

4 Finde zu jedem Ballon eine Malaufgabe.

27   63   54   45

☐ · 9 = 27   ☐ · ☐ = ☐   ☐ · ☐ = ☐   ☐ · ☐ = ☐

Multiplizieren und Dividieren mit und durch 7

1 Rechne Aufgabe und Tauschaufgabe.

a) 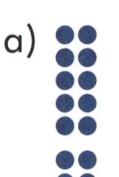   b) 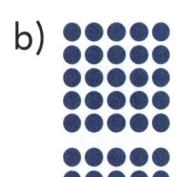   c) 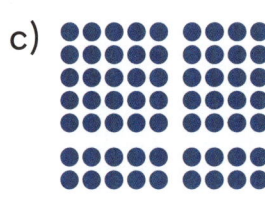   d)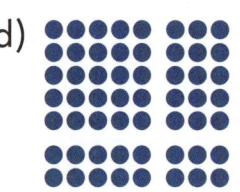

$7 \cdot 2 = \square$ $\square \cdot \square = \square$ $\square \cdot \square = \square$ $\square \cdot \square = \square$
$2 \cdot 7 = \square$ $\square \cdot \square = \square$ $\square \cdot \square = \square$ $\square \cdot \square = \square$

e) $7 \cdot 3 = \square$ f) $7 \cdot 1 = \square$ g) $7 \cdot 4 = \square$ h) $7 \cdot 6 = \square$
$\square \cdot \square = \square$ $\square \cdot \square = \square$ $\square \cdot \square = \square$ $\square \cdot \square = \square$

2 Ergänze die Ergebnisse der Malfolge der 7.

$0 \cdot 7$ $1 \cdot 7$ $2 \cdot 7$ $3 \cdot 7$ $4 \cdot 7$ $5 \cdot 7$ $6 \cdot 7$ $7 \cdot 7$ $8 \cdot 7$ $9 \cdot 7$ $10 \cdot 7$

3 Bilde Aufgabenfamilien.

a) 4   7   28   b) ○   7   5   c) 56   ○   7

$\square \cdot \square = \square$ $5 \cdot 7 = \square$ $\square \cdot \square = \square$
$\square \cdot \square = \square$ $\square \cdot \square = \square$ $\square \cdot \square = \square$
$\square : \square = \square$ $\square : \square = \square$ $56 : 7 = \square$
$\square : \square = \square$ $\square : \square = \square$ $\square : \square = \square$

4 Welche Zahlen kannst du durch 7 teilen? Male sie farbig an.

12   14   27   28   32   35   43   49   63

Multiplizieren und Dividieren

1 a) 2 · 3 = ☐   b) 2 · 6 = ☐   c) 2 · 9 = ☐   d) 2 · 7 = ☐
    4 · 3 = ☐   4 · 6 = ☐   4 · 9 = ☐   4 · 7 = ☐
    6 · 3 = ☐   6 · 6 = ☐   6 · 9 = ☐   6 · 7 = ☐
    8 · 3 = ☐   8 · 6 = ☐   8 · 9 = ☐   8 · 7 = ☐

6 12 12 14 18 18 24 24 28 36 36 42 48 54 63 72

2 a) 6 : 3 = ☐   b) 30 : 6 = ☐   c) 45 : 9 = ☐   d) 14 : 7 = ☐
    9 : 3 = ☐   36 : 6 = ☐   54 : 9 = ☐   21 : 7 = ☐
    18 : 3 = ☐   42 : 6 = ☐   72 : 9 = ☐   28 : 7 = ☐
    27 : 3 = ☐   54 : 6 = ☐   81 : 9 = ☐   35 : 7 = ☐

2 2 3 3 4 5 5 5 6 6 6 7 8 9 9 9

3

| 6 · 6 | 9 · 4 | 5 · 6 | 3 · 10 | 6 · 5 | 9 · 4 |
| 12 : 2 | 36 : 6 | 18 : 2 | 30 : 5 | 36 : 4 | 45 : 5 |

4 a) ☐ · 7 = 7   b) ☐ : 6 = 2
    ☐ · 7 = 14   ☐ : 6 = 3
    ☐ · 7 = 21   ☐ : 6 = 4
    ☐ · 7 = 28   ☐ : 6 = 5

Ich weiß 1 · 7 = 7.

Ich rechne die Umkehraufgabe 2 · 6.

Der Kalender

1 Vervollständige die Tabelle.

vorgestern	gestern	heute	morgen	übermorgen
	Sonntag	Montag		
	Samstag			
Mittwoch				

2 Ein Jahr hat 12 Monate. Ordne sie.

3 Schreibe das Datum kürzer.

a) 10. Mai   10.5.   b) 19. Dezember

c) 21. Juni   d) 11. Januar

4 Welcher Wochentag ist es? Schau im Kalender nach.

a) 2. Juni

b) 18. Juni

c) 10.6.

d) 28.6.

Wahrscheinlichkeit

1 Sicher, möglich oder unmöglich?
Ergänze die Sätze.

a) Es ist _____, dass es im März schneit.

b) Es ist _____, dass eine Tasse nach oben fällt, wenn ich sie fallen lasse.

c) Es ist _____, dass ein Wohnhaus eine Tür hat.

2 Anna dreht am Glücksrad.
Welche Ergebnisse sind möglich, unmöglich und sicher?
Verbinde.

Anna dreht auf Blau oder Rot.		möglich
Anna dreht auf Lila.		unmöglich
Anna dreht auf Blau.		sicher

3 Male die Glücksräder so an, dass sie zur Aussage passen.

a) Es ist möglich,
dass Ben auf Blau dreht.

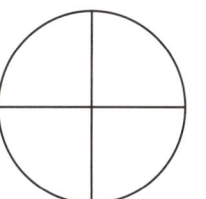 

b) Es ist sicher,
dass Amir auf Rot dreht.

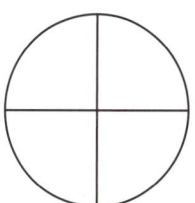 

Sammeln und Lesen von Daten

1 Die Kinder haben gezählt,
wie viele Bücher in einer Woche ausgeliehen wurden.

a) Wie viele Bücher wurden an jedem Tag ausgeliehen?
   Fülle die Tabelle aus.

Tag	Montag	Dienstag	Mittwoch	Donnerstag	Freitag
Anzahl	ⅠⅠⅠⅠ ⅠⅠⅠⅠ (9)	ⅠⅠⅠⅠ ⅠⅠⅠⅠ ⅠⅠⅠⅠ	ⅠⅠⅠⅠ ⅠⅠ	ⅠⅠⅠⅠ ⅠⅠⅠⅠ ⅠⅠⅠ	ⅠⅠⅠⅠ ⅠⅠⅠⅠ

b) Zeichne ein passendes Diagramm.

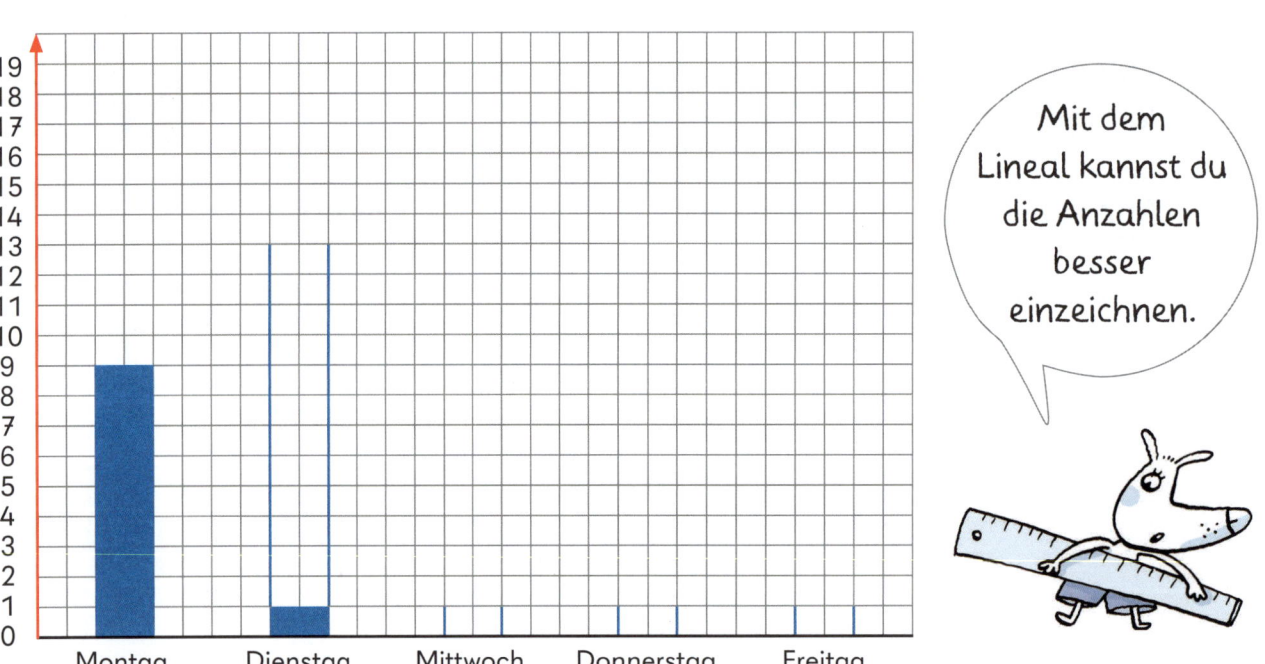

Mit dem Lineal kannst du die Anzahlen besser einzeichnen.

c) Ergänze die Sätze.

Am _____ wurden die meisten Bücher ausgeliehen.

Am _____ wurden die wenigsten Bücher ausgeliehen.

Kombinieren

1. Jedes Kind möchte auf jedes Sportgerät.
Wie viele Möglichkeiten findest du?

Nutze für jedes Kind eine andere Farbe.

2. Rot, Blau, Gelb: Wähle je eine Farbe für T-Shirt und Zahl.
Wie viele verschiedene T-Shirts kannst du zeichnen?

FIT FÜR KLASSE 3

1 Wie heißen die Zahlen?

a) 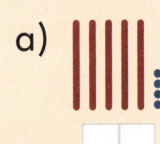 b) 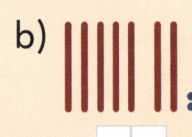 c) 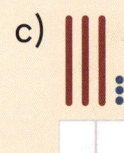 d) e)

2 a) 46 + 7 = ☐ b) 96 − 8 = ☐ c) 24 + ☐ = 31
53 + 34 = ☐   88 − 37 = ☐   34 + ☐ = 75
27 + 38 = ☐   73 − 46 = ☐   76 − ☐ = 67
39 + 47 = ☐   57 − 28 = ☐   86 − ☐ = 54

3 Rechne vorteilhaft. Kreise ein.

a) 27 + 25 + 3 = ☐   b) 63 − 35 − 3 = ☐
56 + 4 + 27 = ☐   98 − 8 − 45 = ☐
41 + 36 + 9 = ☐   84 − 45 − 4 = ☐

4 Ergänze die Kernaufgaben.

a) 1 · 4 = ☐   b) 1 · 7 = ☐
2 · 4 = ☐   ☐ · ☐ = ☐
5 · 4 = ☐   ☐ · ☐ = ☐
10 · 4 = ☐   ☐ · ☐ = ☐

5 a) 6 · 4 = ☐   b) 40 : 5 = ☐
3 · 7 = ☐   10 : 2 = ☐
0 · 2 = ☐   0 : 2 = ☐
3 · 10 = ☐   14 : 7 = ☐
5 · 5 = ☐   60 : 10 = ☐

6 Am Sportfest der Waldschule nehmen 37 Kinder der 2. Klassen und 45 Kinder der 3. Klassen teil.

❓ Wie viele Kinder nehmen insgesamt teil?

= ☐

💬 *Insgesamt nehmen*

FIT FÜR KLASSE 3

7 Miss die Strecken.

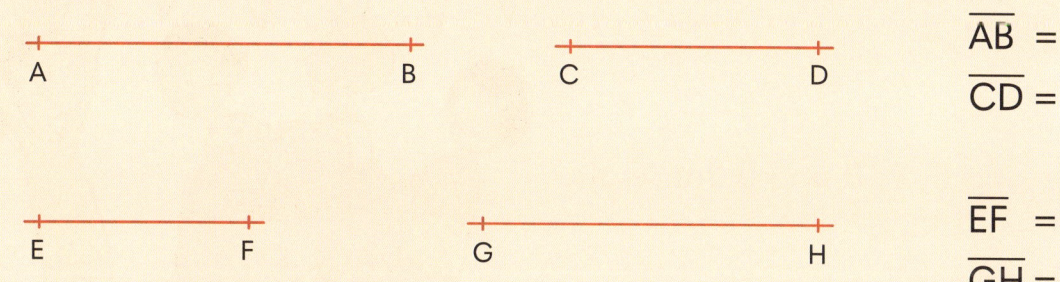

$\overline{AB}$ = ☐ cm ☐ mm
$\overline{CD}$ = ☐ cm ☐ mm

$\overline{EF}$ = ☐ mm
$\overline{GH}$ = ☐ mm

8 a) Zeichne zwei Geraden g und h, die parallel zueinander sind.

b) Zeichne zwei Geraden g und h, die senkrecht zueinander sind.

9 a) Zeichne ein Rechteck.

b) Zeichne ein Quadrat.

10 a) Ein Würfel hat ☐ Flächen, ☐ Ecken und ☐ Kanten.

b) Ein Quader hat ☐ Flächen, ☐ Ecken und ☐ Kanten.

11 Wie spät ist es?
Gib jeweils die Vormittagszeit und die Nachmittagszeit an.

a)    b)    c)

☐☐ : ☐☐ Uhr   ☐☐ : ☐☐ Uhr   ☐☐ : ☐☐ Uhr
☐☐ : ☐☐ Uhr   ☐☐ : ☐☐ Uhr   ☐☐ : ☐☐ Uhr

KNOBELSEITE

Lisa feiert ihren Geburtstag zusammen mit Max, ihrer Schwester Leni und ihrem Cousin Tom.

1 Die Kinder sind 6, 7, 8 und 9 Jahre alt.
Wie alt ist jedes Kind?
Tom ist der Älteste.
Lisa ist nicht 7 Jahre alt.
Leni ist die Jüngste.
Max ist 2 Jahre jünger als Tom.

Lisa: ☐ Jahre   Max: ☐ Jahre   Leni: ☐ Jahre   Tom: ☐ Jahre

2 Es gibt Muffins.
Wer isst welchen Muffin?

Lisa isst den roten Muffin.
Max nimmt weder braun noch lila.
Leni mag keine lila Muffins.
Tom isst nicht den braunen Muffin.

Male die Muffins in der passenden Farbe an. Verbinde.

Lisa   Max   Leni   Tom

Lernstandserhebungen   Mathematik, Klasse 2

Liebe Lehrerinnen und Lehrer,

die bundesweiten Vergleichsarbeiten (VERA) zur Lernstandserhebung sind in der Grundschule mittlerweile zu einem festen Bestandteil geworden. Sie werden jährlich gegen Ende der dritten Klasse durchgeführt und sollen das Erreichen der Bildungsstandards überprüfen sowie Hinweise zur Verbesserung der Lernleistungen und für die Weiterentwicklung des Unterrichts geben. Dazu gehört auch die Verbesserung der Diagnosegenauigkeit.

Sich über einen längeren Zeitraum auf Aufgaben zu konzentrieren, ist für viele Schülerinnen und Schüler ungewohnt und anstrengend. Das gilt auch für die Erfahrung, unter Zeitdruck zahlreiche, zum Teil noch unbekannte Aufgabenformate ohne Hilfsmittel bearbeiten zu müssen.

Mit den vorliegenden Lernstandserhebungen möchten wir Ihre Schülerinnen und Schüler und Sie selbst unterstützen:

- Den Schülerinnen und Schülern sollen die vorliegenden Lernstandserhebungen helfen, sich mit sorgfältig ausgewählten Aufgaben, wie sie auch in den Vergleichsarbeiten verwendet werden, **auf die ungewohnte Testsituation vorzubereiten**. Möglicherweise vorhandene Ängste können so abgebaut und es kann Sicherheit gegenüber der zukünftigen Testsituation gewonnen werden.
- Bei Ihrer **täglichen förderdiagnostischen Arbeit** sollen die Lernstandserhebungen Sie unterstützen und dabei helfen, aktuelle Lernstände und vorhandene Kompetenzen Ihrer Schülerinnen und Schüler in den verschiedenen inhaltlichen Bereichen einzuschätzen und den individuellen förderdiagnostischen Bedarf zu ermitteln.

Die Aufgaben sind an den KMK Bildungsstandards sowie den Lehr- und Bildungsplänen der Bundesländer orientiert und fokussieren die dort beschriebenen Lernziele und zu erreichenden Kompetenzen.

Im **Auswertungsbogen** werden neben den **Aufgabenlösungen** das jeweilige **Niveau** der Aufgabe sowie die jeweils fokussierten **Fähigkeiten, Fertigkeiten und Kenntnisse** beschrieben, die zur Aufgabenbewältigung im Wesentlichen benötigt werden.

In Anlehnung an die drei in den KMK Bildungsstandards angeführten Anforderungsbereiche „Reproduzieren", „Zusammenhänge herstellen" sowie „Verallgemeinern und Reflektieren" (vgl. Bildungsstandards im Fach Mathematik für den Primarbereich, Beschluss vom 15.10.2004, S. 13) und den VERA-Fähigkeitsniveaus 1–3 (vgl. Beschreibung der Fähigkeitsniveaus Mathematik VERA 2009, S. 2) sind den Aufgaben der vorliegenden Lernstandserhebungen drei Niveaustufen zugeordnet, die entsprechend *grundlegende, erweiterte* und *fortgeschrittene* Fähigkeiten erfordern.

Lernstandserhebungen

Mathematik, Klasse 2

Niveau 1: „Reproduzieren" → erfordert grundlegende Fähigkeiten
Das Lösen der Aufgabe erfordert Grundwissen und das Ausführen von Routinetätigkeiten.

Niveau 2: „Zusammenhänge herstellen" → erfordert erweiterte Fähigkeiten
Das Lösen der Aufgabe erfordert das Erkennen und das Nutzen von Zusammenhängen.

Niveau 3: „Verallgemeinern, Reflektieren und Beurteilen" → erfordert fortgeschrittene Fähigkeiten
Das Lösen der Aufgabe erfordert komplexe Tätigkeiten wie z. B. Strukturieren, Entwickeln von Strategien, Beurteilen und Verallgemeinern.

Der Auswertungsbogen der Lernstandserhebungen bietet darüber hinaus Platz für Ihre **Beobachtungen und Notizen** zur Einschätzung des jeweiligen Lernstandes des Kindes im Rahmen Ihrer förderdiagnostischen Arbeit.

Den Schülerinnen und Schülern ermöglicht ein einfaches Smiley-System auf den Testseiten die **Selbsteinschätzung** und schafft so eine Basis zur Reflexion des eigenen Lernstandes. Gemeinsam mit dem Kind können anschließend die Ergebnisse aus der Selbsteinschätzung und Ihre Einschätzungen aus dem Auswertungsbogen in einem förderdiagnostischen Gespräch zu einem Gesamtbild zusammengefügt und Lernziele sowie nächste Lernschritte vereinbart werden. Dabei kann es im Sinne einer dialogisch orientierten Förderdiagnostik sehr aufschlussreich sein, nach Lösungswegen und Erklärungen bei falsch gelösten Aufgaben zu fragen, um Einblicke in die Denkwege Ihrer Schülerinnen und Schüler bei der Lösung einer Aufgabe zu bekommen.

Die Lernstandsseiten erheben nicht den Anspruch, eine kontinuierliche Beobachtung und Dokumentation des Lernverlaufs sowie förderdiagnostische Maßnahmen zu ersetzen. Sie können aber einen wichtigen Beitrag zu Ihrer alltäglichen förderdiagnostischen Arbeit leisten.

Ihr Cornelsen Verlag

> *Hinweis:*
> Weitere Lernstandserhebungen zu den hier nicht behandelten Bereichen finden Sie in den Handreichungen.

Erarbeitet von:	Silke Ladel
Redaktion:	Peter Groß
Illustrationen:	Gabriele Heinisch
Grafik:	Christine Wächter
Layout und technische Umsetzung:	Birgit Riemelt

Lernstandserhebungen   Mathematik, Klasse 2

Liebe Schülerin, lieber Schüler,

mit diesen Aufgaben kannst du herausfinden, was du schon gut kannst und was du noch üben solltest.

Bearbeite die Aufgabenblätter so:

1. Schreibe deinen Namen und das Datum oben auf jedes Blatt.

   Name: Datum:

2. Lies dir die Aufgabe in Ruhe durch.

3. Bearbeite die Aufgabe.

4. Wenn du bei einer Aufgabe nicht weiterkommst,
   mache bei der nächsten weiter und versuche es später noch einmal.
   Du kannst auch jemanden um Hilfe fragen.

5. Wenn du eine Aufgabe bearbeitet hast, kreuze an,
   wie leicht oder wie schwierig du sie findest:

   Diese Aufgabe
   ☺ kann ich gut lösen
   😐 kann ich nur zum Teil lösen
   ☹ kann ich gar nicht lösen

Viel Spaß und viel Erfolg!

Lernstandserhebung 1 Seite 1   Mathematik, Klasse 2

Name: Datum:

Wie ist mein Ergebnis?

1 Spendenlauf

Ina macht bei einem Spendenlauf mit.
Für jede gelaufene Runde kommen 3 € in einen Spendentopf.
Fülle die Tabelle aus.

Gelaufene Runden	1	3	5	7	9
Spende	3 €				

2 a) Wie viel Uhr ist es? Gib jeweils zwei Uhrzeiten an.

b) Zeichne die Zeiger der Uhr richtig ein.

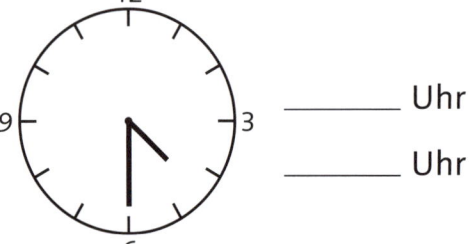

_____ Uhr
_____ Uhr

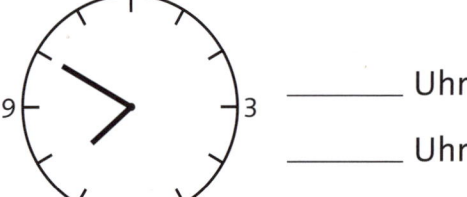

_____ Uhr
_____ Uhr

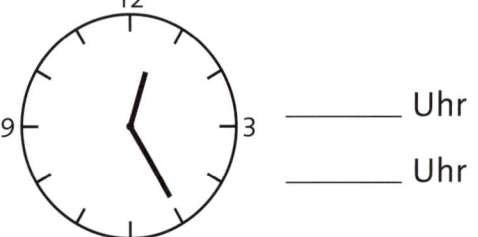

_____ Uhr
_____ Uhr

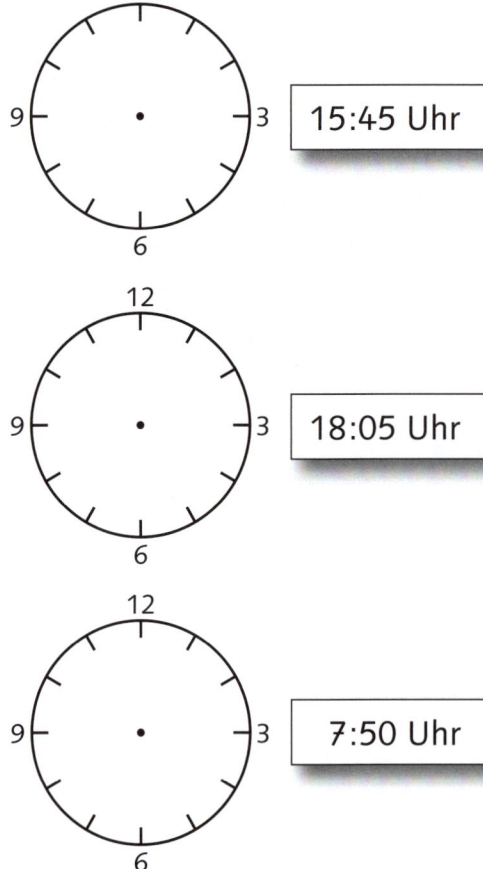

 kann ich gut lösen    kann ich nur zum Teil lösen   ☹ kann ich gar nicht lösen

Lernstandserhebung 1 Seite 2 — Mathematik, Klasse 2

Name: Datum:

Wie ist mein Ergebnis?

3 Im Sport

Lies die Tabelle.

👕 Farbe	Kinder
Blau	∦∥
Rot	∥∣
Gelb	∥∣
Grün	∣
Weiß	∦ ∦ ∥

Ergänze die Sätze. Die Tabelle hilft dir.

a) Es sind **insgesamt** _____ Kinder.

b) Es haben **mehr** Kinder ein 👕 in der Farbe _____ an **als** ein 👕 in der Farbe _____ .

c) Es haben **genau gleich viele** Kinder ein 👕 in der Farbe _____ an **wie** ein 👕 in der Farbe _____ .

d) Es haben **weniger** Kinder ein 👕 in der Farbe _____ an **als** ein 👕 in der Farbe _____ .

e) Teile **alle** Kinder in **zwei gleich große** Gruppen ein. Kreuze an.

Gruppe 1:

☐ Blau ☐ Rot ☐ Gelb ☐ Grün ☐ Weiß = ____ Kinder

Gruppe 2:

☐ Blau ☐ Rot ☐ Gelb ☐ Grün ☐ Weiß = ____ Kinder

☺ kann ich gut lösen   😐 kann ich nur zum Teil lösen   ☹ kann ich gar nicht lösen

Lernstandserhebung 1 Seite 3 — Mathematik, Klasse 2

Name: Datum:

Wie ist mein Ergebnis?

4 Im Spielwarenladen

Beispiel
Die Puppe kostet: 32 €
gegeben: 50 €
Rückgeld: 18 €

Ergänze die fehlenden Zahlen.

a)    b)    c)

Pferd:	37 €	Auto:	28 €	Spiele:	____ €
gegeben:	50 €	gegeben:	____ €	gegeben:	100 €
Rückgeld:	____ €	Rückgeld:	12 €	Rückgeld:	84 €

☺ kann ich gut lösen   😐 kann ich nur zum Teil lösen   ☹ kann ich gar nicht lösen

Lernstandserhebung 1 Seite 4 — Mathematik, Klasse 2

Name: Datum:

Wie ist mein Ergebnis?

5 Ordne die Längen der Größe nach.
Beginne mit der kürzesten.

1 m 60 cm;   58 cm;   8 cm 9 mm;   97 mm;   60 cm 5 mm

1. _____

2. _____

3. _____

4. _____

5. _____

6 **Die Sonnenblume wächst**

Am ersten Tag ist die Sonnenblume 2 cm groß.
Sie wächst in der ersten Woche
immer 1 cm an 2 Tagen.

Zeichne eine Skizze.

1. Tag   3. Tag   5. Tag   7. Tag

☺ kann ich gut lösen   😐 kann ich nur zum Teil lösen   ☹ kann ich gar nicht lösen

Lernstandserhebung 1 Seite 5

Mathematik, Klasse 2

Name: Datum:

Wie ist mein Ergebnis?

7 Größentabelle

So groß sind Mädchen und Jungen in den ersten 5 Monaten nach der Geburt:

Alter	Mädchen	Jungen
1 Monat	53 cm	54 cm
2 Monate	56 cm	57 cm
3 Monate	59 cm	60 cm
4 Monate	62 cm	63 cm
5 Monate	65 cm	66 cm

Was fällt dir auf?

▶ _____

▶ _____

▶ _____

▶ _____

▶ _____

▶ _____

▶ _____

▶ _____

▶ _____

☺ kann ich gut lösen   😐 kann ich nur zum Teil lösen   ☹ kann ich gar nicht lösen

Lernstandserhebung 1 Seite 6 — Mathematik, Klasse 2

Name: Datum:

Wie ist mein Ergebnis?
☺ 😐 ☹

8 Bezahle mit **genau 5** Münzen oder Schein

6,00 €	
10 ct	
20 ct	
50 ct	||
1 €	|
2 €	||
5 € Schein	

Beispiel: 6 € = 50 ct + 50 ct + 1 € + 2 € + 2 €

Fülle die Tabellen aus.

7,50 €	
10 ct	
20 ct	
50 ct	
1 €	
2 €	
5 € Schein	

53,00 €	
50 ct	
1 €	
2 €	
5 € Schein	
10 € Schein	
20 € Schein	

Schreibe wie im Beispiel.

7,50 € = _____

53,00 € = _____

☺ kann ich gut lösen   😐 kann ich nur zum Teil lösen   ☹ kann ich gar nicht lösen

Lernstandserhebung 1 Seite 7 — Mathematik, Klasse 2

Name: Datum:

Wie ist mein Ergebnis?

9 Sicher, unmöglich oder wahrscheinlich?

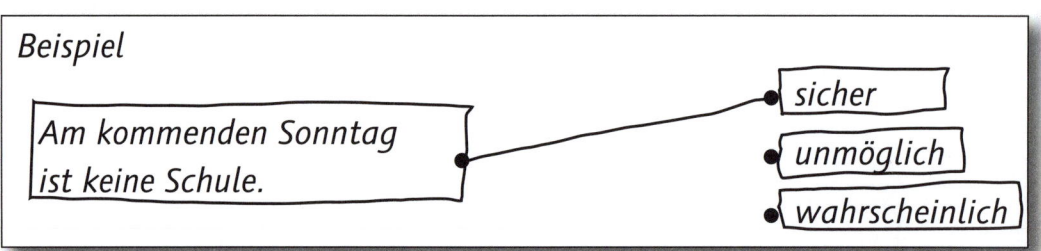

Verbinde.

Ein Mensch kann fünf Stunden lang die Luft anhalten.	•		• sicher
Im August ist das Wetter schön.	•		• unmöglich
Beim Würfeln erhalte ich eine 1, 2, 3, 4, 5 oder 6.	•		• wahrscheinlich

Wenn man eine Münze wirft, erhält man entweder Kopf oder Zahl.	•		• sicher
Im Januar liegt Schnee.	•		• unmöglich
Ein Hund kann fliegen.	•		• wahrscheinlich

☺ kann ich gut lösen 😐 kann ich nur zum Teil lösen ☹ kann ich gar nicht lösen

Lernstandserhebung 1 Seite 8   Mathematik, Klasse 2

Name: Datum:

Wie ist mein Ergebnis?

10 Malte hat am 13. November Geburtstag.
Wie viele Tage sind es noch?

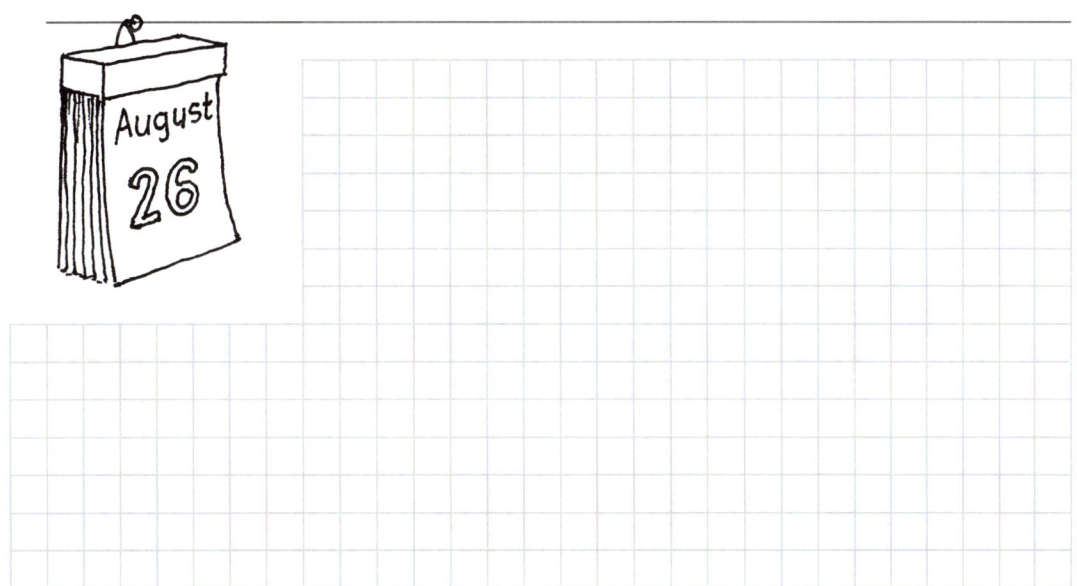

11 Wie groß sind die Bremer Stadtmusikanten
(Esel, Hund, Katze, Hahn) zusammen,
wenn sie aufeinanderstehen?

Tipp: Schätze zuerst die Größe der einzelnen Tiere.

☺ kann ich gut lösen   😐 kann ich nur zum Teil lösen   ☹ kann ich gar nicht lösen

Lernstandserhebung 1 Seite 9   **Mathematik, Klasse 2**

Name: Datum:

Wie ist mein Ergebnis?

12 Am Eisstand gibt es 4 verschiedene Sorten: Vanille, Schokolade, Erdbeere und Zitrone.

Du darfst dir 2 Kugeln aussuchen.

Wie viele verschiedene Möglichkeiten hast du?

_____

_____

Du kannst auch ein Bild dazu malen.

☺ kann ich gut lösen   😐 kann ich nur zum Teil lösen   ☹ kann ich gar nicht lösen

Auswertungsbogen
Lernstandserhebungen Mathematik, Klasse 2   Name: _____   Klasse: _____

Lernstandserhebung 1: *Daten, Häufigkeit und Wahrscheinlichkeit und Größen und Messen*   durchgeführt am _____

Aufgabe	Daten, Häufigkeit und Wahrscheinlichkeit	Größen u. Messen	Niveau	Fähigkeiten, Fertigkeiten und Kenntnisse	Lösungen	Beobachtungen und Notizen
1	x		1	• Kenntnis über den Aufbau von Tabellen • Einmaleins der 3	Runden: 1, 3, 5, 7, 9 Spende: 3€, 9€, 15€, 21€, 27€	

2a		x	1	• Lesen einer analogen Uhr:
				• Stundenzeiger (klein)
				  hier: 1 Stunde pro Strich
				• Minutenzeiger (groß)
				  hier: 5 Minuten pro Strich
				• Zu beachten: Der Stundenzeiger bewegt sich mit dem Minutenzeiger mit.
				• Addition der 12
					a)
					• **16:30** Uhr; **4:30** Uhr
					• **19:50** Uhr; **7:50** Uhr
					• **12:25** Uhr; **0:25** Uhr
					b) 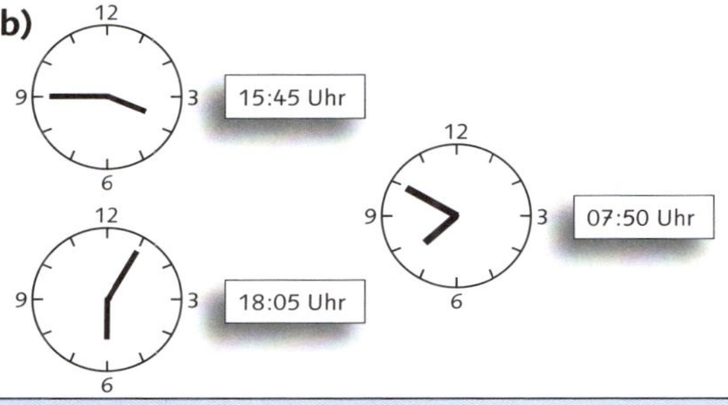 15:45 Uhr, 18:05 Uhr, 07:50 Uhr	

2b		x	1	• Eintragen von Stunden- und Minutenzeiger (Format der Uhr analog 2a) • Besonders zu beachten: Der Stundenzeiger bewegt sich mit dem Minutenzeiger mit.		

Niveaustufen: **1** = „Reproduzieren" → erfordert grundlegende Fähigkeiten   **2** = „Zusammenhänge herstellen" → erfordert erweiterte Fähigkeiten   **3** = „Verallgemeinern, Reflektieren und Beurteilen" → erfordert fortgeschrittene Fähigkeiten

Auswertungsbogen Lernstandserhebungen Mathematik, Klasse 2   Name: _____   Klasse: _____

Lernstandserhebung 1: *Daten, Häufigkeit und Wahrscheinlichkeit* und *Größen und Messen*   durchgeführt am _____

Aufgabe	Daten, Häufigkeit und Wahrscheinlichkeit	Größen u. Messen	Niveau	Fähigkeiten, Fertigkeiten und Kenntnisse	Lösungen	Beobachtungen und Notizen
3	x		2	• Lesekompetenz • Lesen von Tabellen und Strichlisten (5er-Bündelung) • Entnahme von Daten aus einer Tabelle • Addition von Anzahlen • Vergleichen von Anzahlen: „mehr als", „genau gleich viele wie", „weniger als", „gleich groß"	**a) 26** **b)** Es sind mehrere Lösungen möglich, z. B. mehr T-Shirts in der Farbe Blau als Gelb **c)** Genau gleich viele T-Shirts in der Farbe Rot wie Gelb (korrekt wäre auch: Rot und Gelb und Grün sind gleich viele wie Blau oder auch Lösung e) **d)** Es sind mehrere Lösungen möglich, z. B. weniger T-Shirts in der Farbe Grün als Rot **e)** Gruppe 1: **Weiß und Grün = 13** Kinder; Gruppe 2: **Blau und Rot und Gelb = 13** Kinder	
4		x	1	• Erfahrungen mit der Situation „Einkaufen" • Lösen von Aufgaben mit Geld • Variation des Gesuchten; Subtraktion und Addition zweistelliger Zahlen ohne ZÜ	**a)** Rückgeld: **13 €** **b)** gegeben: **40 €** **c)** Spiele: **16 €**	
5		x	2	• Kenntnis über den Zusammenhang der verschiedenen Längenmaße: 1 m = 100 cm; 1 cm = 10 mm • Umwandeln von Längenmaßen • Anwendung des Verfahrens zum Ordnen von Größen	1. **8 cm 9 mm** 2. **97 mm** 3. **58 cm** 4. **60 cm 5 mm** 5. **1 m 60 cm**	

Niveaustufen: **1** = „Reproduzieren" → erfordert grundlegende Fähigkeiten   **2** = „Zusammenhänge herstellen" → erfordert erweiterte Fähigkeiten   **3** = „Verallgemeinern, Reflektieren und Beurteilen" → erfordert fortgeschrittene Fähigkeiten

Auswertungsbogen Lernstandserhebungen Mathematik, Klasse 2

Name: _____ Klasse: _____ durchgeführt am _____

Lernstandserhebung 1: *Daten, Häufigkeit und Wahrscheinlichkeit* und *Größen und Messen*

Aufgabe	Daten, Häufigkeit und Wahrscheinlichkeit	Größen u. Messen	Niveau	Fähigkeiten, Fertigkeiten und Kenntnisse	Lösungen	Beobachtungen und Notizen
6	x		2	• Einem Text relevante Informationen entnehmen • Übertragen relevanter Informationen in eine Skizze, Beschränkung auf notwendige Details	Es sind mehrere Lösungen möglich, z. B.	
7	x		2	• Lesen von Tabellen • Vergleichen von Angaben nach verschiedenen Kriterien: alters- sowie geschlechtsabhängig • Herstellen von Zahlzusammenhängen	Vergleicht das Kind die Daten nur zeilenweise, nur spaltenweise oder beides? • spaltenweise: – Mädchen wachsen jeden Monat 3 cm. – Jungen wachsen jeden Monat 3 cm. • zeilenweise: J. sind 1 cm größer als M. • spalten- und zeilenweise: M. und J. wachsen jeden Monat gleich viel.	
8		x	2	• Zerlegen eines Betrags in genau 5 Teilbeträge • Wechseln von Geldmünzen/-scheinen • Herstellen von Zahlzusammenhängen zwischen den Geldwerten	Es sind mehrere Lösungen möglich, z. B. 7,50 €: • 5 € + 2 € + 20 ct + 20 ct + 10 ct • 2 € + 2 € + 2 € + 1 € + 50 ct 53,00 €: • 20 € + 20 € + 10 € + 2 € + 1 € • 50 € + 1 € + 1 € + 50 ct + 50 ct	
9	x		3	• Kenntnis der Grundbegriffe „sicher", „unmöglich", „wahrscheinlich" • Korrekte Verwendung der Begriffe • Vertrautheit mit den jeweiligen Sachsituationen	• Ein Mensch kann ... – **unmöglich** • Im August ist ... – **wahrscheinlich** • Beim Würfeln erhalte ... – **sicher** • Wenn man eine Münze ... – **sicher** • Im Januar liegt ...– **wahrscheinlich** • Ein Hund kann ... – **unmöglich**	

Niveaustufen: **1** = „Reproduzieren" → erfordert grundlegende Fähigkeiten   **2** = „Zusammenhänge herstellen" → erfordert erweiterte Fähigkeiten   **3** = „Verallgemeinern, Reflektieren und Beurteilen" → erfordert fortgeschrittene Fähigkeiten

Auswertungsbogen Lernstandserhebungen Mathematik, Klasse 2

Name: _____ Klasse: _____

Lernstandserhebung 1: *Daten, Häufigkeit und Wahrscheinlichkeit* und *Größen und Messen* durchgeführt am _____

Aufgabe	Daten, Häufigkeit und Wahrscheinlichkeit	Größen u. Messen	Niveau	Fähigkeiten, Fertigkeiten und Kenntnisse	Lösungen	Beobachtungen und Notizen
10		x	3	• Kenntnis über die Anzahl der Tage der Monate • Addition zweistelliger Zahlen ohne ZÜ	**5 Tage im August + 30 Tage im September + 31 Tage im Oktober + 13 Tage im November = 79 Tage** A.: **Es sind noch 79 Tage.** Ebenfalls möglich: Es sind noch 78 Tage. (Falls im November nur 12 Tage gezählt werden.)	
11		x	3	• Kenntnis von Repräsentanten zu 1 m und 10 cm • Schätzen von Längen • Addition von Längen • Ggf. auf die sprachliche Verwendung der Begriffe „Größe", „Höhe", „Länge" eingehen	Die Lösungen können je nach Schätzung voneinander abweichen, z. B.: Esel: ca. 1 m 30 cm Hund: ca. 40 cm Katze: ca. 20 cm Hahn: ca. 30 cm Insgesamt: ca. 2 m 20 cm	
12	x		3	• Entnahme relevanter Informationen aus einem Text • Ermittlung aller Kombinationsmöglichkeiten (Jede Eissorte kann mehrfach genommen werden, die Reihenfolge der Eissorten spielt keine Rolle.) • Möglichkeit zum systematischen Vorgehen	Die Reihenfolge der Eissorten spielt keine Rolle. **Es gibt 10 Möglichkeiten: VV, VS, VE, VZ, SS, SE, SZ, EE, EZ, ZZ**	

Niveaustufen: 1 = „Reproduzieren" → erfordert grundlegende Fähigkeiten   2 = „Zusammenhänge herstellen" → erfordert erweiterte Fähigkeiten   3 = „Verallgemeinern, Reflektieren und Beurteilen" → erfordert fortgeschrittene Fähigkeiten